强规范、创特色

——高校辅导员党团班建设素质能力提升案例集

周海燕　编著

图书在版编目（CIP）数据

强规范、创特色：高校辅导员党团班建设素质能力提升案例集/周海燕编著. -- 南昌：江西高校出版社，2024.5

ISBN 978-7-5762-4822-7

Ⅰ. ①强… Ⅱ. ①周… Ⅲ. ①高等学校—辅导员—工作—案例 Ⅳ. ①G645.1

中国国家版本馆 CIP 数据核字(2024)第 095621 号

出 版 发 行	江西高校出版社
社　　　址	江西省南昌市洪都北大道96号
总编室电话	(0791)88504319
销 售 电 话	(0791)88522516
网　　　址	www.juacp.com
印　　　刷	北京虎彩文化传播有限公司
经　　　销	全国新华书店
开　　　本	700 mm×1000 mm　1/16
印　　　张	9
字　　　数	143 千字
版　　　次	2024年5月第1版 2024年5月第1次印刷
书　　　号	ISBN 978-7-5762-4822-7
定　　　价	58.00 元

赣版权登字 -07-2024-311
版权所有　侵权必究

图书若有印装问题,请随时向本社印制部(0791-88513257)退换

前言

  周海燕辅导员名师工作室自2020年8月获批以来,以提升辅导员育人能力、促进辅导员职业发展为主线,以指导大学生成长成才为目标,着重聚焦辅导员职业能力建设、党团班协同育人以及主题班会育人等方面,开展了"烛火繁星"工作沙龙、"工商红"辅导员论坛等系列特色活动。工作室主持人周海燕,系江西财经大学工商管理学院党委副书记,副教授,武汉大学思想政治教育专业博士毕业,高级职业指导师,江西省高校"最美辅导员",从事一线辅导员工作18年。

  三年多来,工作室主要成员获批教育部人文社科项目2项,辅导员专项及省级、校级思想政治教育课题或研究项目等10项,获全国高校思想政治工作质量提升综合改革与精品建设项目立项3项,获全省思想政治工作优秀论文一等奖2人次,发表相关论文10余篇、优秀案例3篇,参与获得省级教育教学成果奖2项。

  本书由周海燕辅导员名师工作室资助出版,聚焦党团和班级建设研究,重在把握新时代党团班协同育人规律,凝练党团班建设过程中的典型案例,形成共建共享共发展的育人共同体,以持续推进"专家型"辅导员队伍建设,不断提升辅导员职业素养,切实增强学生教育管理实效。

目录 CONTENTS

江西财经大学党团班"三位一体"协同育人工作体系构建与实践
……………………………………………………………… 周海燕(001)

"12346"党团系班一体化推进党员教育管理模式 …… 王位 吴郁婷(007)

构建"四维"学习体系,推动党员教育立体化 ……………… 赵云飞(011)

聚焦"四力"抓党建,引领发展助"一流"
——全国高校"百个研究生样板党支部"创建工作探析
……………………………………………………… 周海燕 张艳青(014)

让主题党日既有"言值"又有"研值"
——江西财经大学工商管理学院学生党支部主题党日特色活动探索
……………………………………………………… 周海燕 张艳青(018)

"厚德崇法"框架下"四引领四加强" 夯实基层研究生党支部建设
……………………………………………………………… 李临彧(024)

"一体两翼"大学生党建工作管理模式探索与实践 … 曹继明 周海燕(028)

学思行悟,知行合一,全力推进学习型党支部建设 …… 廖波 刘丽芳(033)

"党建引领+专业实践"双融双促,构建新时代高校学生党支部建设新模式
——以江西财经大学外国语学院全心全"译"特色党建项目为例
……………………………………………………………… 刘素媛(038)

"政解小讲堂"绽放育人大力量
　　——高校党支部主题党日创新路径探析……… 周海燕　姜浩天(043)

人人都是宣讲员,处处皆是微党课
　　——江西财经大学工商管理学院研究生党支部主题党日活动探索
　　……………………………………………… 周海燕　林佳雨(047)

红绿共进打造大"美"支部
　　——环保类社团团支部建设案例
　　………………… 张天元　周珏　刘馨　陈颖　王媛(051)

依托重大契机,以特色团学活动发挥育人功能,引领校园文化新风尚
　　——以纪念建党一百周年系列活动为例
　　………………………………… 王小君　黎军华　郭佳磊(055)

以"六个举措"为抓手,着力造就高素质学生干部队伍
　　——大学生自律委员会学生干部培育案例
　　………………………………… 杨海荣　汪棋琳　熊玉栋(061)

"疫"起运动　律动青春　在体育锻炼中迎来春暖花开
　　………………………………………………… 周海燕　周珏(069)

高校班主任班级管理的工作路径探究……………………… 殷微微(073)

本科延期毕业生的班级管理工作研究……………………… 廖勇勇(079)

经院·经味·精班
　　——江西财经大学经济学院班会育人体系的实践工作案例
　　………………………………………………………… 远翠平(083)

如何营造良好的班级氛围,降低班级的转专业率 …… 周海燕　魏峥(088)

因势而为,加强高校班级凝聚力建设
　　——以第二学位班级为对象………………………… 李　暄(093)

将就业育人温度化作就业工作力度 ………… 张天元　周海燕(097)

从"江财红"到"石榴红"
　　——江西财经大学深入推进民族团结进步教育的社会实践
　　………………………………………………… 谢尔艾力(100)

构建"GROW UP"模块式赏识型学业发展模式,激励学生成长成才
　　………………………………………………… 周海燕(104)

"转"向你,亲近我
　　——转专业学生的大学生活调整 ………… 张艳青(108)

不合理信念视角下大学生寝室矛盾的解决与思考 ………… 蒋博斌(111)

不负光阴不负自己,不负被爱不负所爱 ………… 陈利萍(115)

我愿将心照沟渠 ………………………………… 陈利萍(120)

育心育德,呵护成长
　　——一例家庭经济困难学生的教育帮扶工作案例
　　……………………………… 周海燕　张艳青　魏峥(126)

科学介入、积极干预、应对危机
　　——一例校园学生心理危机干预的处理与启示
　　……………………………………… 周海燕　魏峥(130)

江西财经大学党团班"三位一体"协同育人工作体系构建与实践

周海燕

一、案例简介

周海燕辅导员名师工作室建设聚焦完善辅导员班主任的"党团和班级建设职能",力争在强化党支部、团支部和班级建设的过程中,提升辅导员工作能力和科学化水平。项目主要围绕大学生党建、团建、班级建设工作中的重难点,凝练党团和班级建设"12345"育人模式特色,构建党支部、团支部、班级"三位一体"协同育人模式,以项目化管理、精细化推进、责任化落实,达到"1+1+1>3"的效果。同时,项目也使辅导员在实践工作中具有较高知名度、认可度,展现了成员自身价值和竞争力,提高成员在高校工作的成就感,打造了一支立足当下、着眼未来的大学生思想政治教育协同创新团队,将高校提供的资源进行整合,实现学生工作模式创新。工作室立足辅导员发展、学生成长和专业化建设,在明确辅导员工作室发展愿景、延展工作室角色空间、实践工作室建设路径等方面做了一些探索,以期帮助辅导员更好地履行"大学生政治思想的引领者""大学生成长成才的助力者""大学生健康安全的守护者"三大角色,使辅导员队伍建设形成梯队、形成团队、形成战队,为辅导员队伍专业化发展提供持续动力。

二、案例思路和内容

工作室首先明确了党团班建设中存在的两个主要问题:一是主题班会育人成效难以保障的问题;二是学院各方面育人力量未形成合力的问题。因此,工作室以提升学生骨干、提升学生基层组织指导力为重点,开展工作调研、沙龙交流,构建"12345"党团班"三位一体"协同育人模式(见图1)。"12345"党团班"三位一体"协同育人模式即1个理念、2个支撑、3个重点、4种方法、5项工程,简称"12345"工作模式。

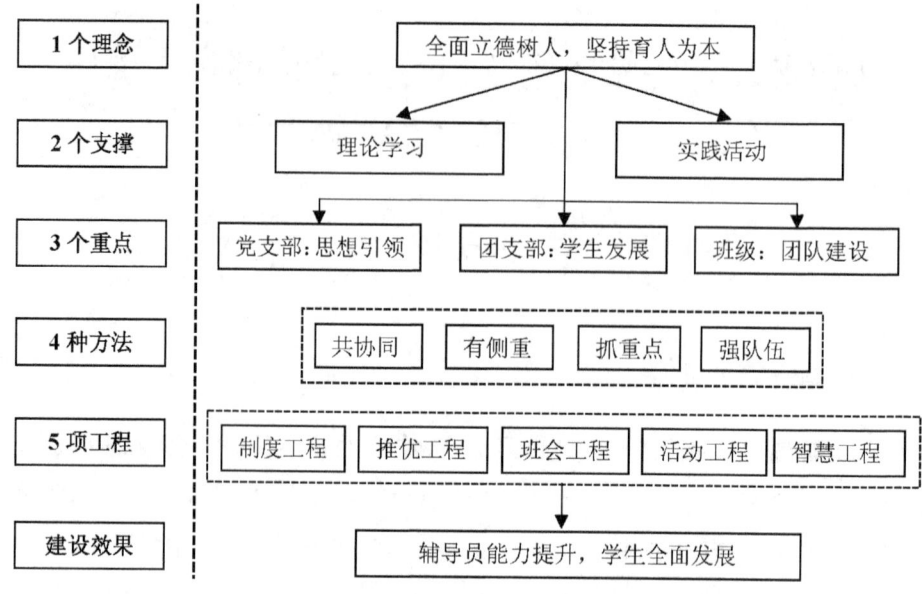

图1 "12345"党团班"三位一体"协同育人模式

(一)1个理念:全面立德树人,坚持育人为本

立德树人是发展中国特色社会主义教育事业的根本任务。坚持立德和育人相统一,就要回答好"培养什么人、怎样培养人、为谁培养人"这一教育根本问题。

(二)2个支撑:理论与实践相结合

聚焦"培养什么人、怎样培养人、为谁培养人"这一根本问题,坚持理论学习常态化,科学规划实施社会实践,提升辅导员的工作能力和育人水平。

(三)3个重点:党支部为核心,团支部为主导,班级为基础

实际工作中坚持以党支部为核心组织,落实好党员发展的"选苗育苗"环节;以团支部为主导力量,做好团员发展、教育、管理工作,增强推优培养工作的精准度;以班级为执行基础,决策班级事务,保障班集体和谐稳定。具体职能分工见图2。

为了将辅导员日常管理工作精细化、制度化、程序化,在以上协同育人模式下,将班级全体同学合理分组,精准对接,形成"1+N"联络工作模式(见图3),使管理工作更加扎实有效。

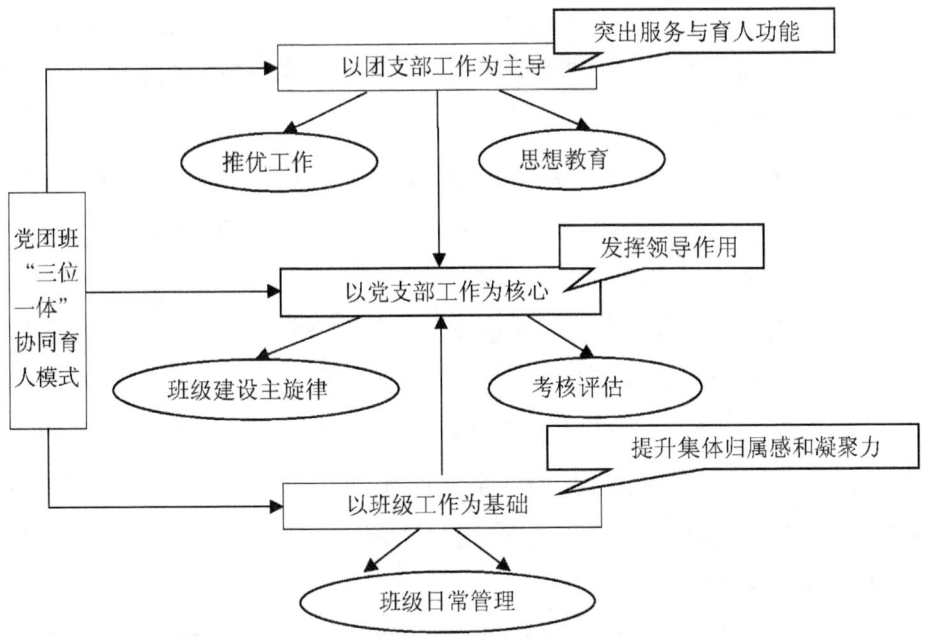

图2 党团班"三位一体"协同育人模式职能分工

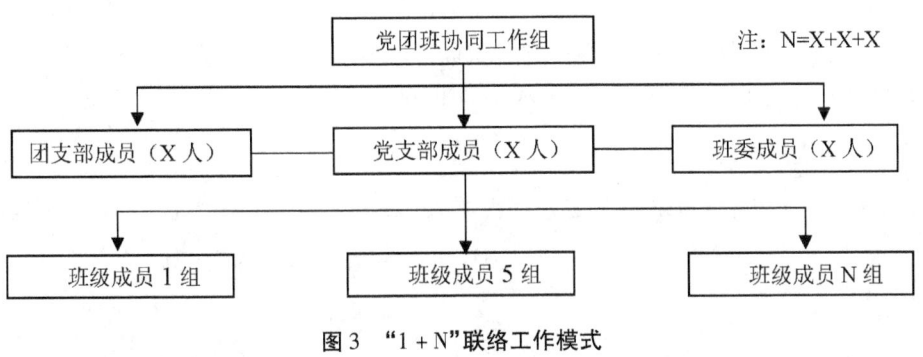

图3 "1+N"联络工作模式

(四)4种方法

在"12345"党团班"三位一体"协同加强学生管理的基础上,不断提升辅导员的实践工作和理论研究能力,重在:

(1)共协同。学生工作部门作为牵头单位,要发挥组织协调作用,提供必要的场地、设备、资金支持。宣传、人事、教学、科研、马院等部门要形成联动工作效应。

(2)有侧重。一是建设工作室文化,牢固树立主人翁意识、共同体意识,把工作室建设成全体辅导员的学习领地和精神家园。二是激发成就动机驱动力，做好辅导员个体的职业生涯发展规划，着力提高辅导员自身的职业能力，提升效能，优化成就动机。

（3）抓重点。一是互助学习，成员之间加强交流与合作，基于共同的职业发展愿景及共同的研究兴趣，形成学习共同体。二是目标导向，既要关注工作室整体目标的实现，又要最大限度地实现成员们的个体目标，将团队目标和个人目标有机结合。三是激励机制，整合各类资源，合理引导、满足成员们的个体需求，促使成员为达到工作室整体目标愿景发挥其个体效应。

（4）强队伍。通过省级和校级辅导员工作室同步创建完善辅导员专业化、职业化建设，高校合作共建，构建学习共同体、师生共同体、科研共同体、职业共同体、情感共同体，提升辅导员工作室团队的职业化、专业化、专家化水平。

（五）5项工程

（1）制度工程：以工作室章程来确定团队的目标与职责、权利与义务、考核与管理，明确各小组成员及分工，建立起完善的工作规范、评价体系以及奖惩机制。

（2）推优工程：实施"大学生党员积极分子发展工程"，编撰《大学生党员成长手册》，构建从团员到入党积极分子到正式党员完整的"四个引领、八个模范、十个一"发展体系。

（3）班会工程：将班会课纳入课程体系，采取线上线下相结合的形式，明确主题、规定动作、确定流程、统一考核，让主题班会真正成为思想政治教育的主阵地。

（4）活动工程：充分发挥第二课堂和第三课堂活动的隐性教育功能和导向作用，结合现有的"蛟湖书声"、学术节、"挑战杯"学术训练营、"艺马当先"、政解小讲堂、绿派社、直通名企、生涯人物访谈、校友论坛特色活动等，把各类活动打造成党团班协同的重要平台。

（5）智慧工程：依托智慧江财建设工程，将党建平台、团建平台和班建平台有机融合。收集、更新和完善各种数据，为每一位大学生绘制出一幅用户画像，提取关键特征标签，分别制作个体性图谱库和群体图谱库（见图4），细分群体，归纳问题，精准供给，科学管理。

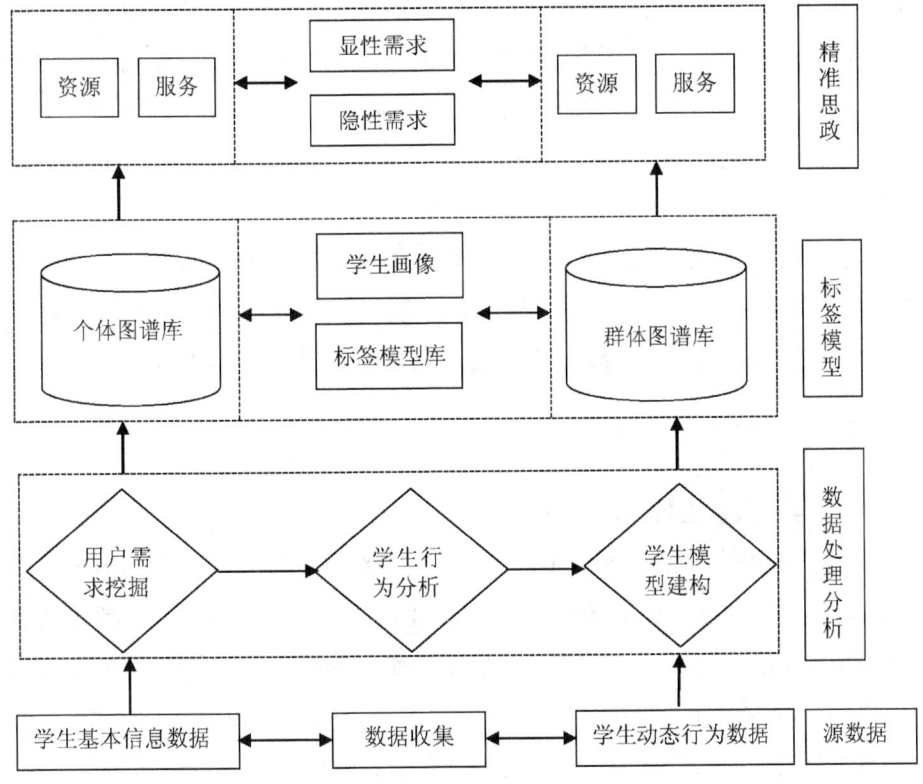

图 4　大学生"个性图谱"的模型图

三、案例成效

(一)培养辅导员骨干,打造学习共同体

工作室成员之间互相学习、交流,共同成长、进步,互相借鉴,注重团队建设,切实提升辅导员职业素质,形成合力。工作室已开展工作例会4次,先后有井冈山大学、南昌工程学院、华东交通大学来工作室交流,团队成员到南昌航空大学谢大进工作室、中南财经政法大学金融学院学习。工作室16人中2人获评副教授,1人考取博士;获评全国优秀团干1人,全省辅导员素质能力大赛二等奖1人,江西省高校"最美辅导员"2人,全省优秀党务工作者1人,全省优秀党员1人。

(二)培养高素质人才,打造育人共同体

落实立德树人根本任务,不断拓展学生工作新思路,为学生成长成才提供专业化教育与服务,不断提高育人质量。工作室建设期内在学工处的指导和帮

助下,重点围绕主题班会的规范化、流程化问题,出方案,出标准,出内容,并在一定程度上得到推广。工作室通过"烛火繁星"公众号,发送40余篇关于主题班会建设的推文。工商194班入选全国高校"活力团支部",工商研究生党支部入选"全国样板党支部"培育创建单位。

(三)加强理论研究,产出一批科研成果

成员积极开展深入的、可持续的理论研究,形成科学研究成果。工作室成员作为主持人立项教育部人文社科项目1项、江西省人文社科项目1项、省级党建课题2项,发表论文3篇,出版专著1部,形成中期汇报材料1份。

四、案例经验

(一)学校提供支持保障

一是组织保障。学校将辅导员工作室建设纳入学校工作要点和学生工作重点,定期组织阶段性验收与指导。学校专门出台了《江西财经大学辅导员工作室管理办法》等制度,从宏观层面加大对工作室建设的政策先导:明确校级以上优秀辅导员需有辅导员工作室实践经验;面向工作室开放校级思政课题,委托工作室承接进行实践探索;为工作室选聘2名正高级职称专家开展工作指导。

二是经费支持。学校设立党建与思想政治工作专项经费,纳入学院经费预算;加大对各育人项目和辅导员工作室的经费投入,实报实销,并确保经费保障落实到位;细化资金用途,同时严格经费使用要求,做到专款专用,并逐年增加投入,确保育人工作顺利开展。

(二)建设定位策略明确

工作室建设聚焦"党团和班级建设",主要通过团队学习研讨,形成一个辅导员共进共建的组织,针对党团班建设中面临的实际痛点、难点,提出以主题班会、实践活动、信息建设为主要内容的协同育人解决思路和策略,以期培育精品项目,开展课题研究,培育优秀辅导员团队,推广输出成果,从而聚合优秀辅导员,产出精品成果,辐射工作影响,顺利完成建设目标。

作者简介:周海燕,江西财经大学工商管理学院党委副书记,江西省首批辅导员名师工作室负责人。

"12346"党团系班一体化推进党员教育管理模式

王位　吴郁婷

一、案例背景

大学生是中国共产党新生力量的重要来源之一。有关部门出台了《中共中央组织部、中共中央宣传部关于进一步加强高校学生党员发展和教育管理服务工作的若干意见》《普通高等学校学生党建工作标准》等文件,对加强学生党员发展和教育管理服务提出明确要求。南昌航空大学航空制造工程学院以提升学生党员发展质量为主线,推进党员教育与人才培养相融合,第一课堂与第二课堂相融合,强化全员参与、全方位考核、全过程覆盖,推动党团组织、系部、班级协同联动,建立学生党员发展评价指标体系,构建了"12346"一体化推进党员教育管理的创新模式。

二、主要做法

(一)目标导向:明确一条主线

坚持以提升学生党员发展质量为主线,通过建立覆盖学生党员发展全过程的《学生党员发展评价指标体系》,推动党员发展、培养、教育、管理各环节质量提升,既实现了将最优秀、最先进的大学生挖掘、培养、吸收进党组织的目标,又将学生党员培养成为大学生中最讲政治、最有信仰、最具引领示范作用的群体,为切实提升学校人才培养质量和推进全面从严治党做出了积极贡献。

(二)问题导向:推进两个融合

学生党员的身份是学生,底色是党员。为贯彻落实"为党育人、为国育才"要求,切实把思想政治好、综合素养强的学生推上来、立起来,学院在两个融合上做足文章。一是推进党员教育与人才培养融合。通过设计理论学习、时政学习、党性实践、先锋模范、个人品德、社会公德等细化指标,把对学生党员的要求融进学生学习生活日常,有效规避了党员教育管理与学生日常教育管理"两张皮"的情况。二是推进第一课堂和第二课堂融合。为避免产生"以学习成绩论英雄"的情况，引导学生全面发展，学院设计了学习意识、学习成绩、技术能力、学术创新、文体素质、社会工作等细化指标，在兼顾德智体美劳的前提下，充分尊重学生特质，挖掘学生潜质，让真正有潜质、有特质、有态度、有想法的学生能够脱颖而出，成为各方面的带头人和标杆。

（三）过程导向：坚持三全育人

学院改变评价主体、评价体系、评价方式，建立了全员全程全方位的党员教育管理模式。一是推进各方协同。通过制度设计，让党委班子领导、辅导员、班主任、专业教师、学生干部、普通同学成为评价主体，并通过党委委员带头谈话、专业教师兼任班级组织员、学生组织指导老师参与评价等方式，有效引导各类主体各司其职、共同参与，形成了全员参与、多元评价的基本构架。二是优化考核评价。在深入分析学生群体特征的基础上，根据党员发展要求、人才培养目标和工作需要，制定涉及6个模块、15个二级指标、31个三级指标的评价体系，并通过指标评分结果量化、评价标准细化，让具有不同特质、潜质的学生能有同等待遇、同台竞技。三是打造规范流程。通过对各流程、环节进行标准化、规范化设计，重点是通过制定细致的评分细则，实现了模糊性指标量化、无形要求有形化，进而让不同主体依照职责，给出更加专业、精准的评价，达到了"专业人士给出专业评价"的效果。

（四）行动导向：做到四位协同

为充分调动各方力量参与到学生党员教育管理中，实现党、团、系、班四位协同，学院着重做了四个方面的工作。一是强化党务工作力量。通过制定《系（部）议事规则》、举行党支部书记例会等，强化教师党支部书记参与，做到党员发展同系（部）党建工作一同布置、同步推进。同时，通过教师担任学生总支书记、副书记，学生党员担任支部书记、委员等，充分发挥学生党员参与的主动性、积极性。二是增强党团组织衔接。团组织推优是党员发展的重要环节。评价体系不仅盯住推优环节，通过重心前移、条件前置，从源头上对党员发展的标准、导向形成引导，而且通过做好推优、发展、转正三个关键点，建立一以贯之、一脉相承的考核体系，形成了覆盖党员发展全过程的完整成长记录。三是充分发挥班级作用。班级是学校实施教育教学的基本单元，也是学生成长的第一环境,在推优、群众评议以及学生党员日常监督等方面发挥着重要作用。学院通过选派党员班主任或辅导员兼任班级组织员,引导辅导员、班主任、学生三方力量在班级聚焦,将班级建设成为加强党员教育管理的重要阵地。四是有效调动系(部)参与。系(部)承担着专业培养任务,系(部)教师担负着日常教学工作,是学生专业学习、学术创新等方面最为贴近的见证者和最具权威的评判者。学院通过将班主任、班级组织员选拔交由系(部)党支部承担,以专业为基础建立学生党支部,加强建立系(部)党支部与专业学生党支部对口交流机制等方式,有力推动了系(部)党建与人才培养齐头并进。

(五)质量导向:细化六大模块

学院根据《中国共产党章程》《中国共产党发展党员工作细则》《普通高等学校基层组织工作条例》《关于进一步加强高校学生党员发展和教育管理服务工作的若干意见》等规章文件要求,按照全面性与科学性结合、操作性与有效性结合、定性与定量结合的原则,将党团评语、谈话结论、群众评议、日常表现、学业成绩、专业证书、创新能力、社工经历、奖励荣誉等内容量化融入,设计了政治素质、道德品行、专业学习、创新实践、特殊贡献、群众基础6个模块及下属15个二级指标、31个三级指标,并采用模糊性评价和量化式评价相结合方式计分,进一步增强了教育管理考核体的科学性、权威性。

三、育人实效

"12346"党团系班一体化推进党员教育管理模式构建了贯穿学生党员发展、培养、教育、管理全过程的评价体系,有效推动了学生党员发展与学院人才培养的双融双促。

(一)建立评价体系,形成一张评价表、一份诊断书

一是评价准确。通过模糊评价与量化评价相结合,将量化指标直接计分,难以量化的指标由专业人员评价折算计分,确保了客观评价的准确性和主观评价的权威性。二是主体多元。将专业教师、思政工作者、学生纳入评价主体,避免了单一评价主体存在的主观色彩浓、信息不全等问题。三是效果良好。准确评价和多元主体的引入,既强调了全面发展,又兼顾了术业专攻、个性发展,较好地避免了"唯成绩论""一刀切"等现象。

（二）创新管理模式，形成一份任务书、一张工艺图

通过评价权下放和评价结果运用，充分调动各种资源、各方力量参与党员教育管理，有效激发了学生党员的主动性、积极性。2021年学院从专业教师中选配的68名班级组织员中，拥有副高以上职称者30人，占比44.12%；具有博士学位者55人，占比80.89%。2022年学院从专业教师中选配的65名班级组织员中，拥有副高以上职称者23人，占比35.38%；具有博士学位者57人，占比87.69%。专业教师的加入对提升党员质量，加强高校基层党建创新，推动党建带团建，加强学风建设起到了积极作用。同时，这一做法进一步理顺了党、团、系、班在党员教育管理中的关系，明确了专业教师、思政工作者和学生的职责。

（三）助力人才培养，形成了一群骨干、一批标杆

通过该模式，学院党员教育管理成效有较大提升，党员发展质量进一步提升。2021年发展的党员中，获国家奖学金、学业奖学金的人数占66.67%；获三好学生、优秀学生干部等荣誉的人数占57.89%；担任各级、各类学生组织干部的人数占88.30%。2022年发展的党员中，获国家奖学金、学业奖学金的人数占73%；获三好学生、优秀学生干部等荣誉的人数占56.7%；担任各级、各类学生组织干部的人数占84.2%。党员的先锋模范作用进一步加强。通过每季度开展先进性考察，吸引党员、预备党员参与学院管理、党务工作、志愿服务共计1120人次，参与率达到100%。近年来，学院党委获批"全省党建工作标杆院系"，焊接工程系党支部获批"全国党建工作样板党支部"，春晓学生党支部获批"全省党建工作样板支部"。学生党员真正成为学院党建工作的参与者、推动者、示范者。

作者简介：王位，南昌航空大学学工处副处长；吴郁婷，南昌航空大学航空制造工程学院党委组织员。

构建"四维"学习体系,推动党员教育立体化

赵云飞

一、案例背景

理论是先导。开展政治理论学习,用理论武装头脑,把握政治方向,筑牢思想之基,是落实立德树人根本任务的基本要求,是师德师风建设的基础,是培养德智体美劳全面发展的社会主义建设者和接班人的基础。学院在开展师生理论学习的过程中,存在学习意识不强、学习散漫,工学矛盾、学习时间不够,学习方式单一、学习效果差等问题。建立有效的学习体系,提高学习热情,丰富学习方式,是开展师生政治理论学习的重要保障。

二、工作思路与方法

金融学院党委坚持以习近平新时代中国特色社会主义思想为指导,构建"'关键少数'示范学、全体教师广泛学、师生党员规范学、青年学生普遍学"四维理论学习制度,通过"原原本本学理论、交流研讨促提升、志愿服务践初心、红色基地悟精神"丰富学习方式,推动党员教育立体化,不断深化党的创新理论学习,促进师生党员政治力量水平持续提升。

(一)抓好"关键少数",处级干部示范学

处级干部作为学院的"关键少数",是学院转型高水平学术研究型学院的组织者、谋划者、推进者。其政治理论素养决定了党委领导核心和政治核心作用的发挥,决定了学院教育事业的质量高低。同时,处级干部作为学院"领头羊",其理论学习开展情况具有很强的示范作用。学院党委坚持"第一议题"学习制度,在每次党委会、党政联席会前传达学习习近平总书记重要讲话精神、党中央重大决策部署等内容,做到重要精神及时学、跟进学,保障学习不断电、不掉队。学院成立党委理论学习中心组,坚持每月至少开展一次学习,针对重点学习内容,在自学、领学基础上,深入开展交流研讨,提升学习成果。处级干部要坚持

读原著、学原文、悟原理,配发并认真学习《习近平新时代中国特色社会主义思想学习问答》《习近平谈治国理政》《中国共产党简史》《党的十九大以来查处违纪违法党员干部案件警示录》等书籍,摘抄学习记录,撰写学习心得,做到掌握核心要义、吃透精神实质。

(二)造好"学习氛围",全体教师广泛学

教师是立德树人的执行者,发挥好教师在教育教学中的主导作用,是落实立德树人根本任务的重要保障。学院党委持续完善教师理论学习体系,坚持每周梳理重点学习内容,组织引导教师开展系室讨论学习和自学;坚持每月召开一次集中学习,围绕习近平总书记关于教育的重要论述,围绕师德师风建设等重要内容,开展深入学习;积极邀请专家、学院领导宣讲,如邀请校党委副书记龚剑飞宣讲党的二十大精神,邀请校党史宣讲团成员袁红林宣讲党史,促进学习联系实际,提高学习效率,提升学习效果;在重要时间和节点,及时组织教师收听、收看党和国家重大会议、重大纪念活动直播,学习新精神,如收听、收看庆祝中国共产党成立100周年大会、党的二十大开幕会等重要会议直播,保持学习及时性;在日常工作生活中,组织教师观看《胜利之盾》《1921》《三湾改编》《小平小道》等红色影视作品,赴江西革命烈士纪念堂参观"最闪亮的坐标——'勤廉江西'英模人物事迹展",赴江西省图书馆参观"奋进新时代 书写新光荣——赣南等原中央苏区振兴发展战略实施十周年成就展",观看"重温百年党史 传承红色基因——庆祝中国共产党成立100周年优秀舞台艺术作品巡演"等文艺活动,感悟革命精神,传承红色基因,推进师德师风建设。

(三)过好组织生活,师生党员规范学

师生党员是学校教育事业发展的中坚力量,肩负着团结带领全校师生贯彻落实立德树人根本任务的重要使命。师生党员只有不断加强政治理论学习,提升政治素养,才能坚定理想信念,树牢"四个意识",坚定"四个自信",做到"两个维护",才能成为思想政治工作的核心力量,示范引领汇聚"为党育才为国育人"的磅礴力量。学院党委各支部认真落实"三会一课"制度,坚持每月固定日期召开主题党日活动,开展好学习心得交流活动,持续规范师生党员政治理论学习。同时,学院充分利用微信、学习通、QQ群等新媒体组织党员线上线下集中培训,丰富学习形式。在学习强国App的使用过程中,学院党员坚持做到每

日学习积分超过30分,并相互监督提醒,形成了良好的自学氛围。学院党委打破界限,组织各支部党员互相学习、交流,开展重要会议精神学习研讨,如组织党的二十大精神专题研讨会等,让师生党员在交流研讨中不断提升政治理论水平,锤炼党性修养。

(四)育好后备力量,青年学生普遍学

思想政治工作是党的优良传统、鲜明特色和突出政治优势,是一切工作的生命线。将政治理论学习覆盖到每一位学生,是做好思想政治工作的基础。学院坚持书记带头、师生党员全体参与的方式,每年至少两次深入班级开展党的政治理论宣讲,坚持全体学生参与青年大学习,通过主题班会、主题团日活动等方式,做到政治理论学习全覆盖,引导青年学生树立共产主义远大理想和中国特色社会主义共同理想;坚持开展入党积极分子培训班、发展对象培训班、大学生骨干培训班等集中培训,抓好先进典型学生的政治理论学习,发挥示范作用;开展"百年党史人人学人人讲"宣讲活动,开设党史学习讲堂,组织"学习贯彻二十大 团结奋斗新征程""回望百年奋斗路 齐心奋进新征程"等系列知识竞赛,参与学习强国平台答题、江西教育系统"喜迎二十大,永远跟党走"暨第七届党的基本知识竞答赛等各类党史竞赛活动,收听收看《同一堂党史课》、央视《党课开讲啦》等优秀电视节目,提升学习趣味,强化青年学生理论武装。

三、经验启示

通过构建"'关键少数'示范学、全体教师广泛学、师生党员规范学、青年学生普遍学"四维理论学习制度,以"原原本本学理论、交流研讨促提升、志愿服务践初心、红色基地悟精神"的学习方式,切实提高了学院师生政治理论学习的积极性,师生理论学习氛围明显改善,政治理论水平得到明显提升,推动了师德师风建设,为落实立德树人根本任务,培养时代新人奠定了良好基础。相应地,辅导员在学生日常管理、就业指导、心理健康等工作中,需要思考建立立体化的管理体系,充分调动师生参与工作的积极性,高质量地推动各项工作开展,建立起全员全过程全方位育人体系,为培养德智体美劳全面发展的社会主义建设者和接班人提供坚实保障。

作者简介:赵云飞,江西财经大学金融学院学工办主任。

聚焦"四力"抓党建,引领发展助"一流"
——全国高校"百个研究生样板党支部"创建工作探析

周海燕　张艳青

一、案例背景

习近平总书记就研究生教育工作作出重要指示指出,中国特色社会主义进入新时代,即将在决胜全面建成小康社会、决战脱贫攻坚的基础上迈向建设社会主义现代化国家新征程,党和国家事业发展迫切需要培养造就大批德才兼备的高层次人才。研究生教育承担着国家高层次人才培养任务,是教育强国建设的重要引擎。随着近年来研究生队伍不断发展壮大,研究生党员教育管理的重要性日益凸显。加强和改进研究生党建工作具有重要意义。

江西财经大学工商管理学院研究生支部成立于 2011 年 9 月,党员比例为 39.5%。党支部在全体研究生党员中扮演着政治核心和堡垒的角色,但也不同程度地存在以下问题:一是党建工作开展务虚多、务实少,存在将一般事务性工作代替党建工作的情况;二是研究生党支部先锋模范作用发挥不够,党支部的凝聚力、组织力、号召力不足,政治核心和战斗堡垒作用没有很好地发挥;三是研究生党支部组织建设内容与专业结合度不够,教育管理、思想政治内容仍以学习文件、传达精神等理论学习教育为主,在如何发挥专业特长服务乡村振兴、助力社会服务工作方面仍缺乏行之有效的方式方法。

二、主要做法

(一)严教育固本

抓在日常、严在经常,支部以"党日五件事"为抓手落地党性教育。支部围绕"学""会""做""工""课",规范开展"三会一课"。支部将每月第一周的周三定为"党员活动日",组织召开党员大会、支委会和党小组会,严格落实双重组织生活制度;组织参观党性教育基地、开展党员志愿服务等活动,引导党员为服社会发挥作用;组织党员过"政治生日",从严抓紧党员各项教育管理;以党支部书记备课授课为主,引领党员走进红色教育实践基地、企业一线,丰富党课内容,提高党课质量。

(二)强管理促优

严格党员发展程序,强化党员管理过程。入党积极分子培养注重"选",参照党员管理的积分标准进行考核,坚持成熟一个发展一个;党员考评发展注重"全",全面考察,涉及学习、工作、思想、行为等多方面,得出综合评价;民主评议监督注重"实",制定有量化标准的"发展对象征询意见表",充分征询党内外意见,将其纳为党员发展的重要条件;学生干部岗位锻炼注重"能",增强党员责任感,强化示范引领,助推成人成才。

(三)夯组织强基

培养党员"学思践悟"的综合能力,以"师生教育—朋辈教育—实践教育"为主线构建"三位一体"创新活动形式。师生教育——邀请校院各级党组织书记入活动、讲党课;朋辈教育——持续五年开展政解小讲堂,以党员视角、学生语言结合党史学习和解读重要文件精神;实践教育——扎根江西红色土地,举办红色故事会、红歌合唱会、参观红色基地、重温红色电影、诵读红色家书等特色党日活动,沉浸式体验、品味革命精神内涵,并连续九年开展以学术分享会、学术报告会、博士生论坛为主体的"三驾马车"学术活动。

(四)优服务提能

搭建"1+2+3"育人服务平台,形成示范—引领—服务—辐射效应。"1+2+3"即选优配强1个书记,由学院党委副书记担任支部书记;安排学业党建2位导师,推动思想政治教育与学术科研能力交互提升;实现本硕博3级联动,博士党员一对一对接硕士党员,硕士党员担任本科生助班,达到各培养层次党员融合,形成贯通多层级的凝聚力与向心力。

三、主要成效

(一)思想引领力进一步提升

学院优秀党员事迹多次受到媒体关注,近年来在校生党员荣获"全国大学生网络文化节优秀作品改编奖""全国大学生志愿服务西部计划优秀志愿者"

"江西省最美大学生"等,立项江西省青年马克思主义者理论研究创新工程项目11项。

(二)组织战斗力进一步强化

学院研分会连续9年获校"优秀研分会",71%的党员获省级以上奖励。一年来,支部党员共发表权威论文7篇、CSSCI论文8篇;案例2篇入选哈佛、毅伟案例库,3篇获"全国百篇优秀管理案例";立项研究生创新项目6项。体现该支部特色做法的《以标尺推进法提升高校基层党组织建设质量的实践探索》一文发表在《学校党建与思想教育》上。

(三)多元服务力进一步凸显

硕博团队省内调研,荣获全国大学暑期实践全国优秀团队;研究生支教团下乡支教,谢博卿获全国大学生志愿服务西部计划优秀志愿者;博士服务团深入基层,卢海涛赴高安市工业与信息化局挂职锻炼,刘芮彤远赴黑龙江雅尔塞镇政府工作,先后有10余位毕业生长期扎根基层工作。

(四)社会影响力进一步扩大

投身抗击疫情、脱贫攻坚,充分发挥先进基层党支部战斗堡垒作用。支部为乡村振兴把脉,组织在校生和各地校友多渠道助力奉新县西塔村,开展爱心之旅10余次,走访贫困户累计100余人次,各类捐助价值达100万元。夏文翔担任定南县岿美山镇丰背村驻村第一书记,获"全国向上向善好青年",熊鸣锋获"全国抗击新冠肺炎疫情先进个人",缪金生获"民进全国抗击新冠肺炎疫情先进个人",张华安获全省"爱心捐赠"榜样人物。

四、思考与建议

(一)党建工作以"三化三全"为保障

坚持党的全面领导,健全"三化"建设,坚持"三全"育人,让组织建设做到"4个过硬""5个到位""7个有力"。

(二)组织育人以"三位一体"为推动

持续做好党史学习等主题教育,探索多样化的党日活动形式,推动理论实践相结合、课内课外相结合、校内校外相结合,开创支部工作新局面。

(三)支部活力以"三级联动"为提升

打破各层次党员间的沟通边界,让本硕博党员间多级联动,联系多起来、好起来、活起来,后续还可将范围延伸至入学党员与校友党员,拓展成"学前学中学后"全方位多层次宽领域联动集域。

作者简介:周海燕,江西财经大学工商管理学院党委副书记,全国高校"百个研究生样板党支部"工商管理学院研究生党支部书记;张艳青,江西财经大学工商管理学院研究生辅导员。

让主题党日既有"言值"又有"研值"
——江西财经大学工商管理学院学生党支部主题党日特色活动探索

周海燕　张艳青

一、案例背景

开展高质量的主题党日活动是党员党性教育的重要手段,是支部组织生活的重要载体,是高校落实立德树人根本任务的重要保障。以创新主题党日活动形式为抓手,加强和改进研究生党建工作,具有重要意义。

近年来,高校学生党支部积极落实主题党日制度,取得了一定的成效。笔者在江西财经大学5个学院研究生党支部中进行调研,收到有效问卷156份,调研结果表明:绝大多数(约占95%)的调研对象认为每月一次的主题党日活动频率合适,认为自己所在支部的主题党日活动具有一定吸引力,认为支部开展的主题党日活动在提升党员意识、增强支部活力、规范政治生活等方面效果明显。但大家也认为主题党日在开展过程中仍存在一些薄弱环节:

一是理论学习活动形式单一。数据表明,88.46%的人认为主题党日存在的最大问题是活动形式单一(见图5、图6)。当前,主题党日活动多以"三会一课"形式开展,一人讲多人听,"讲"注重传达文件精神、强调活动意义或安排政治学习,党员参与感弱,使主题党日活动的教育效果大打折扣,未能实现党员再教育目的。

二是主题党日活动缺乏连贯性和系统性。有些支部主题党日在开展活动前才确定活动内容,在主题设计、内容设置、形式选取、过程策划等方面缺乏系统规划和设计,活动之间缺乏连贯性,容易让人感觉"走过场"。党支部注重党日活动的理论学习,但在理论与实际相结合、真正做到入耳入脑入心入行等方面缺乏有效思考。

三是主题党日活动没有形成品牌。党日活动主题特色不鲜明,内容与专业结合度不够,将专业方向、学院特色和主题党日活动有机结合不多,缺乏品牌创

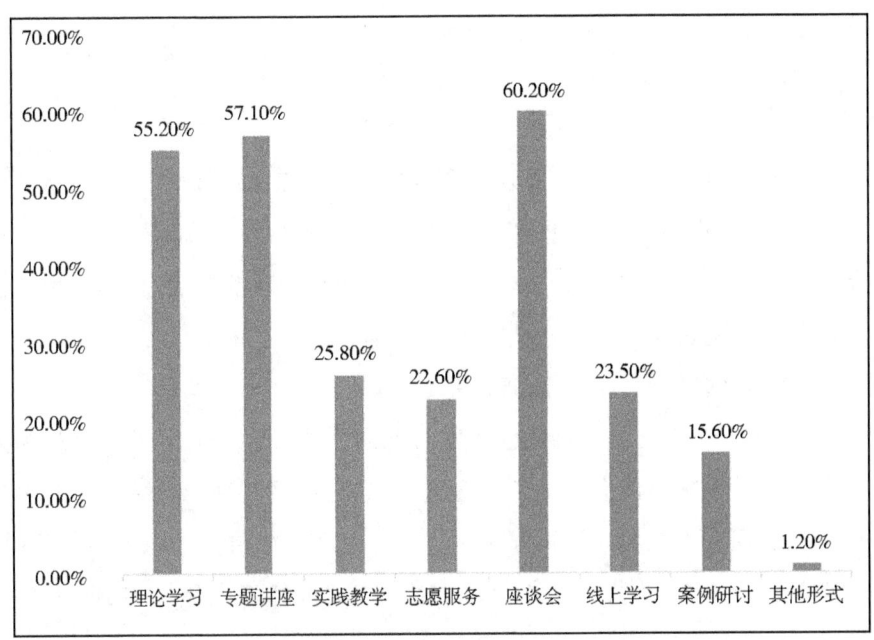

图5 主题党日活动开展形式

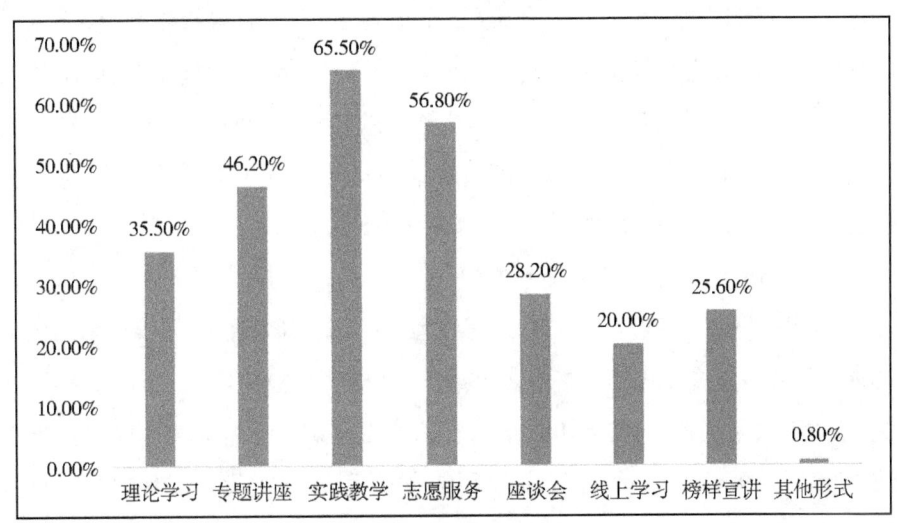

图6 党员期待的主题党日活动开展形式

建,趋同性明显,缺乏特色和亮点。通过主题党日活动将思想引领和价值观教育有机融入学生科研学习生活,提高研究生人才培养质量的效果亟待提升。据此,支部建设中需要继续加强和规范主题党日实施,切实提升主题党日实效和基层党建活力。

二、主要做法

工商管理学院研究生党支部以理论学习为切入点,结合研究生党员自身研究主题和课题方向,通过"小讲堂""小沙龙""小论坛""小课题"等一系列"小而精"的活动方式,以党员视角、学生语言讲好新时代时事热点,解读系列文件政策精神,提高党员参与度,形成主题党日品牌。

(一)"小讲堂":小视角解读新政策

党支部充分发挥学院学科特色优势,自觉把党的重大理论创新成果作为首选主题,将习近平新时代中国特色社会主义思想、经济管理学科特色与时事政策相结合,将研究生党员的科研方向与政治理论学习相结合,以"小讲堂"的形式开展分享,让研究生党员从专业方向出发,剖析经济发展特点,明确政策导向。

(二)"小沙龙":小分享展现新观点

党支部组织举办"悦读红色金典"读书报告会、学习心得报告会、优秀党员事迹报告会、征文比赛等交流活动,开展以学术分享会、学术报告会、博士生论坛为主体的学术沙龙,使主题党日活动能够反映时代发展特征和要求。同时党支部在"江财工商研究生"和"小喇叭"两个公众号进行线上话题讨论,进一步激发学生党员的学习积极性。

(三)"小论坛":小辩论明晰新方向

党支部开展新思维辩论赛、论坛等活动,通过思维的碰撞、言语的交流,开拓思想,形成一种勤于思考、敢于思辨、善于思辨的积极探索的良好氛围,增强大家对时事政策的认知,提高语言组织表达能力和逻辑思维能力。同时党支部开展"政策下的我们"活动,让大家联系自身实际,在新时代新征程中寻找自身定位,进一步明确发展方向。

(四)"小课题":小团队研发新问题

党支部组织研究生党员和本科生党员在省级科研课题、"暑期三下乡"课题、学科竞赛等活动中共同参与,组成科研、竞赛小团队,邀请指导老师,举行选题分享会,确定研究和竞赛内容,从而形成贯通本硕支部的凝聚力与向心力。

同时,通过本硕博三级联动,博士党员一对一对接硕士党员,硕士党员担任本科生助班,能有效深化研究生与本科生之间的交流与合作,锻炼团队精神、协调能力和组织能力,拓宽知识面,形成良好的学研双赢循环机制,为同学们毕业后融入社会奠定了良好的基础。如图7所示:

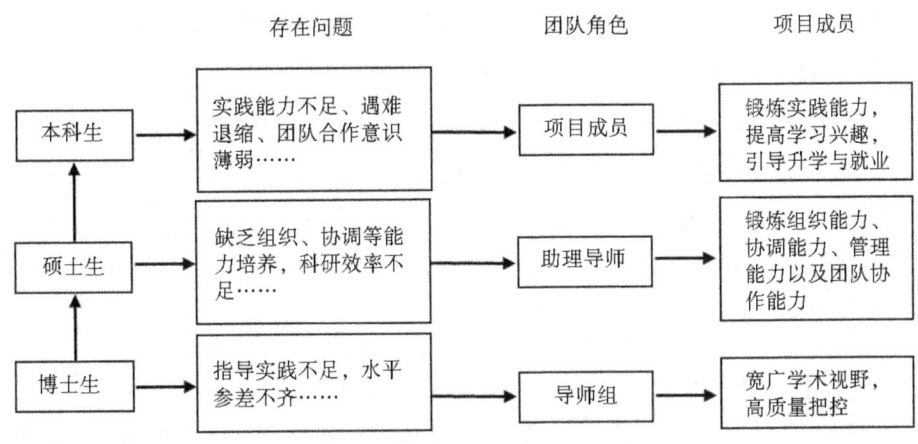

图7 本硕博三级联动组建科研课题研发团队

三、工作成效

(一)主题党日学习形式创新

在系列小讲堂、小沙龙、小论坛中,通过"微党课""今天我来讲党史"等形式增加了党员之间的交流学习,通过对理论热点问题分享研讨、举办"四史"知识学习竞赛等活动提升学习了效果,将志愿服务、红色教育、科学研究等融入主题党日活动中。将大道理变成"小清新",让理论更生动,提高了党员的学习热情,扩展了党员政策和思想的学习范围,更引导党员学会用马克思主义的观点和方法分析、解决现实问题,让党员爱听、乐学、能懂、会做。

(二)本硕博成长相互促进

系列活动以科研主题为依托,将政策学习与科研学习相结合,以研究生党员为主体,以不同层次学生为受众,搭建本科生参与研究生活动的平台,实现了本硕博联动,既能推动研究生党员的科研进展,又能为本科党员提供新的学习视角,同时激发研究生党员指导本科生课题申报、开展学科竞赛的热情。目前学院研究生、本科生课题立项书、竞赛获奖率均位于学校前列,毕业生去向落实率位于学校前列,荣获就业工作先进单位(全校仅3个)。

(三)党员先锋模范作用彰显

主题党日活动主要由研究生党员牵头、发起、组织,学生党员既是教育活动的组织者,也是参与者,在活动中接受教育,强化责任,提升党性修养,树立了党员的光辉形象,提升了党员在日常学习活动中的影响力。学院研分会连续11年获评校优秀研分会,研究生班集体连续获评优秀班集体,71%党员获省级以上奖励,18人次获"国家奖学金""优秀毕业生""十佳学术之星""十佳实践之星"等省部级以上荣誉。学术科研上,支部党员毕业论文获评江西省优秀硕博毕业论文9篇,其中硕士8篇、博士1篇,支部党员发表CSSCI以上级别论文48篇,获批江西省研究生创新专项资金项目19项、省青马工程课题1项、省创新课题16项、校科研课题22项。

(四)社会影响力进一步扩大

支部党员积极投身社会,充分发挥先进基层党支部战斗堡垒作用。支部为乡村振兴把脉,组织在校生和各地校友多渠道助力奉新县西塔村,开展爱心之旅10余次,走访贫困户累计100余人次。在学校学院领导帮助下,支部党员参与同中至数据集团股份有限公司、江西省财通供应链金融集团有限公司共建2个研究生工作站,支部党员论文入选"全国百篇优秀管理案例"12篇,入选哈佛、毅伟案例库6篇,全面深化产业服务与社会公益,各类捐助价值达100万元。支部党员事迹获学习强国、人民网、大江网报道。

四、经验启示

(一)结合品牌建设,突出支部党建特色

结合学院特色创建党建品牌,激发基层学生党支部根据学院特色、专业特长和学生特点开展有针对性的主题党日活动,形成"一支部一品牌"效应,使党建工作和专业教育、学生成长成才有机结合起来,使主题党日活动发挥教育实效性。

(二)结合专业特点,突出思想引领教育

创新学习形式,紧跟时事政策热点,结合管理专业特点,组织研究生党员参加形势政策报告,开展实地参观学习,进行个人体悟分享,提升党员参与主题党

日活动积极性,进一步明确肩负的责任和努力的方向。

(三)结合科学研究,突出活动育人功能

系列主题党日活动从"小"字出发,结合学生科研方向和研究兴趣,突出"小而精",让支部党员通过体验、分享、学习来整合知识框架,应用于新的学习科研场景,力求将学习知识内化于自身素养,促进自身成长。

作者简介:周海燕,江西财经大学工商管理学院党委副书记,全国高校"百个研究生样板党支部"工商管理学院研究生党支部书记;张艳青,江西财经大学工商管理学院研究生辅导员。

"厚德崇法"框架下"四引领四加强" 夯实基层研究生党支部建设

李临彧

一、案例背景

一个支部就是一座堡垒。基层党组织是贯彻落实党中央决策部署的"最后一公里",要把各领域基层党组织建设成为实现党的领导的坚强战斗堡垒。在学校党委的正确指导下,法学院党委深入贯彻落实新修订的《中国共产党普通高等学校基层组织工作条例》,紧扣立德树人根本任务,扎实推进基层党的建设与思想政治工作,积极探索基层党建与事业发展深度融合,以高质量党建引领高素质人才培养和学院高质量发展。

传承红色基因,培养"德法兼修"的卓越法律人才,是法学院研究生党支部建设的一贯目标。为破解长久以来支部建设不规范、党员活动不积极,党员先锋模范作用发挥不好的困境,法学院研究生第二党支部通过采取"厚德崇法"框架下"四引领四加强"举措,在推进支部建设方面积累了一些思考,下面将从做法、成效和启示三个方面进行介绍。

二、具体做法

(一)以"三化"建设为引领,加强支部规范化建设

"三化"建设提升党员活动室、党组织建设的标准化程度;"五创三评"助推党员发展走向量化、实操性强且更加标准的高度;辰星灯塔 App 把党建信息化建设落到实处;严把谈心谈话、民主评议等组织生活的质量关;用好学习强国平台,推进党史、理论的微学习、自学习。

(二)以"红色+"为引领,加强支部政治建设

学党史、听党话、跟党走,法学院研究生第二党支部全体党员深耕于江西这片红色热土,认真学好党史这部生动的教科书,始终用红色基因坚定青春信仰。

支部围绕建党百年、学思践悟党的二十大开展了系列主题活动,以"赛"促学、以"影"凝心,弘扬红色思想;以"诵"抒恩、以"读"固基,传承中华力量;以"行"铸魂、以"为"务实,践行优秀品德——从青年学、青年说与青年行三方面,以青春之我续写百年逐梦篇章。

红色+关怀。建立"传递红色能量,奉献爱心帮困"的红色公益基金。三年来,支部每一位党员在扶贫助困等活动中积极参与,平均志愿服务时长超过50小时,建立了爱心回馈社会的服务之维。

红色+记忆。开展以"品读红色经典,树立崇高信念"为主题的红色诵读活动。通过20余场红色观影会、党史知识竞赛、"党史故事我来讲"、红色读书分享会等活动,建立红色基因传承的宣传之维。

红色+寻根。开展以"高举红色旗帜,踏寻革命足迹"为主题的红色走读活动。支部党员走进方志敏烈士陵园、小平小道、八一起义纪念馆等红色教育基地或观看《长津湖》《金刚川》《邓小平小道》等红色电影,建立红色文化入脑入心的学习之维。

(三)以志愿服务为引领,加强支部作风建设

法学院研究生第二党支部始终以习近平法治思想为指引,以党建活动为依托,发挥普法志愿服务的先锋带头作用。

知宪于心,守宪于行。支部党员100%参与"宪法宣传周"和"国家宪法日"活动;80%的支部成员参加院研究生普法志愿服务队,积极参与未成年模拟法庭体验、"法益人家"法律援助进社区、"法的阳光下"法治宣传教育进校园等品牌普法活动。

法在心中,奉献你我。支部党员100%参与我院承办的中国法学会民法学年会、法理学年会、中国法务会计学术研讨会、法学院建院25周年论坛等重要活动。

驻足驿站,汇聚爱心。2021年起,学院团委与红谷滩区沙井街道办事处达成志愿服务协议,支部五位党员定期参加每周末在怡园路、绿茵路的红色驿站志愿服务。

挖掘典型,树立榜样。支部党员彭斯鸥连续八年荣获"浙江自然博物馆优秀志愿者"、连续三年荣获"浙江省优秀春运志愿者",累计获得荣誉近50项。

榜样力量带动更多支部同学加入学雷锋活动中来。

（四）以"两微两刊"为引领，加强支部思想阵地建设

一个微行动引导支部党员学习先进，躬身自省；一堂微党课不断强化研究生党员对党的认同感、归属感。支部还承担了学院《法学青年》《法域群儒》两个刊物的日常编辑工作，严格把关，发挥思想导向作用。

三、取得成效

锻造了一支政治坚定、品行优良的党员队伍。支部党员的政治素质显著提升。2020年以来，支部全体党员参加了所在地疫情防控的志愿服务工作，得到了当地有关部门的感谢，体现了江财法律人的责任担当。

成长了一批业务精进、严谨规范的党务能手。一批批学生支委，在潜移默化中逐渐成长为党务工作的行家里手。第一任党支部副书记张基隆同学考取山东省青岛市基层公务员，第二任党支部副书记温丽萍同学考取南昌航空大学环工学院研究生专职辅导员。

培养了一批成绩突出、专业精进的优秀学生。支部连续2年获评院优秀学生党支部，支部党员近两年获得校级以上荣誉70余项，连续三年就业率100%，获国家奖学金、省政府奖学金3人，获省级及以上课题立项8项，公开发表论文10余篇，多次在校研究生辩论赛中跻身前三名的院研究生辩论队主力队员中有三位是支部党员。

凝聚了一股崇法尚法、甘于奉献的青年力量。支部党员青年志愿者注册率100%，2022年累计参与各类志愿服务活动20余次，累积服务时长近600小时，普法活动受到多部门表彰。

四、思考启示

在实践中，我们认识到了提高新时代党的建设质量的重要性。通过一系列强有力的措施，我们也得到几点工作启示：一是党支部建设中扭转学生党员思想认识是关键，形成党内政治生活习惯是保证；二是要聚焦党员同学主责主业，把党建与学习有效融合，升华了思想更提升了能力；三是支部建设还要充分发挥支委作用，他们的领导力和榜样作用将决定支部党建的成效和高度。

下一步,法学院研究生第二党支部全体师生党员将继续齐心协力,切实将党建优势转化为基层治理优势和发展动能,带动师生党员"向中心聚焦、向大局聚力",进一步提升支部建设总体质量,进一步突出支部建设品牌效应,进一步彰显研究生党员示范引领作用,推动基层党建工作在"严起来、实起来"的基础上"活起来、强起来",以最昂扬的姿态为建党百年、建校百年献礼!

作者简介:李临彧,江西财经大学法学院团委书记,法学院研究生第二党支部书记。

"一体两翼"大学生党建工作管理模式探索与实践

曹继明　周海燕

一、项目简介

"一体两翼"大学生党建工作管理旨在通过实践探索与科学研究相结合的方式,打造品牌式大学生党建工作管理模式。"一体两翼"即以大学生党建工作为"一体",以红色党建和设岗定责作为大学生党支部建设的"双翼",项目化管理、责任化落实,实现大学生党建工作的新发展。该模式一方面通过红色党建系统工程,把党支部建在班上,充分发挥学生党支部的战斗堡垒作用,实现党建带团建、促进班级建设的效果;另一方面通过设岗定责及相关措施,充分发挥学生党员的先锋模范作用,实现培养和锻炼大学生党员、服务和引领广大学生群众的效果。

二、案例思路与意义

习近平总书记指出:"严密的组织体系,是马克思主义政党的优势所在、力量所在。"为贯彻落实全国高校思想政治工作会议、全国教育大会、《普通高等学校学生党建工作标准》、《高校党建工作重点任务》等重要会议、文件精神,强化学生党建工作在大学生思想政治教育工作中的龙头地位,促进大学生全面发展和提高辅导员职业化、专业化水平,我们依托学院"党建+红色文化"优势,打造"一体两翼"大学生党建工作管理模式。

一是依托工商管理学院学生党建工作经验和理论研究,逐步完成院级大学生党建工作管理模式的理论构建。

二是通过对"小喇叭"微信公众号的建设和对外交流,进一步论证和完善"一体两翼"大学生党建工作管理模式,提高大学生党建工作实效。

三是将创新大学生党建工作机制、充分发挥大学生党支部和党员作用、提高学生党支部做思想政治工作的能力贯穿于辅导员名师工作室建设的始终,积极搭建校际大学生党建论坛平台,扩大工作室的示范性和影响力。

高校基层党组织担负着把党的路线方针政策落实到基层的重要职责,该党建模式的构建主要有以下三层意义:

一是有利于强化大学生党组织建设。大学生党组织是中国共产党的基层组织,是教育和管理大学生党员最直接、最有效的载体,是与大学生保持密切联系的桥梁和纽带。将党组织建在班上,通过党建带团建、促进班级建设,能最大程度提高组织的战斗力和活力,也是落实《普通高等学校学生党建工作标准》的现实需要。

二是有利于增强思想政治教育实效性。党建工作是大学生思想政治教育的工作重心。加强大学生党支部建设,能提升党员队伍的凝聚力和影响力,使广大学生党员自觉做到听党话、跟党走,自觉担负起团结广大同学努力学习、奋发图强的现实责任。

三是有利于明晰辅导员角色定位。从实践和理论两个层面来构建院级学生党建工作模式,使辅导员以管理学生党支部为抓手,做好日常思想政治教育工作,不断提升工作的吸引力和感染力,既成为学生的人生导师和知心朋友,也实现自身职业化、专业化发展。

三、实施方法与过程

"一体两翼"学生党建工作管理模式(见图8)着力加强红色党建和设岗定责两项工作,具体实施情况如下:

1.建设上实现全"红色"

工商管理学院多年来坚持把红色教育融入党建工作,积极开"红色"党建,通过多种抓手将红色基因融入学生党员血脉。办"红色讲堂",开展讲座、研讨、观看影像资料和阅读经典原著等活动;建"红色e家园",拓展党建网络新阵地,开设"小喇叭"党建微信平台;寻"红色印记",强化红色实践教育功能,让学生亲访红色土地,走进红色旧址,收集红色文物,访问老红军、老战士;唱"红色歌曲",传承"红色文化"品牌,每年结合不同主题开展纪念和教育活动;讲"红色故事",传播党史正能量,获江西教育电视台《党建好声音》栏目专访;立"红色领航"工程,每年评选"十大优秀党员"和先进党支部。

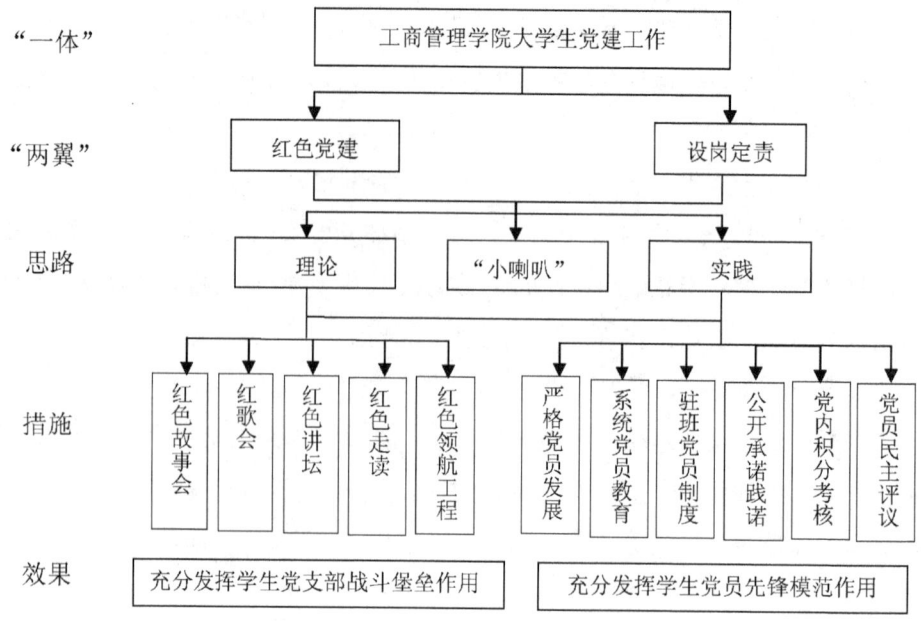

图8 "一体两翼"大学党建工作管理模式

2.组织上实现全覆盖

通过组织结构调整,实现学生党支部对全体学生的全覆盖。坚持落实"党支部建在班上"原则,通过党支部调整实现纵向设立本科生党支部、每个支部管辖从大一到大四四个班级;研究生每班设立单独党支部,将支部建设与团支部、班级建设结合起来;坚持实施"驻班党员"制度,实现每个班级至少有三名党员,并成立班级党小组,让党员扎根班上并发挥作用。

四、案例成效

1.基层党支部建设水平提升。一是提升了学生党员的理论素养,红色因素融入党课教育,丰富了教育、学习形式,提升了思想理论水平。二是提升了学生党员的党性修养,学生党员既是教育活动的组织者,也是参与者,在活动中接受教育,强化责任,提升党性修养。三是丰富了学生党员教育的内容形式,系列红色党建,使党员教育管理的内容和形式丰富多彩。研究生党支部被推荐参评全国研究生样板候选支部。

2.党员先锋模范作用提升。通过党员设岗定责实现了学院党员100%定岗、100%承诺践诺,强化了党员的带头意识、服务意识。在学院以科研促专业能力提升的产学研工作中,超过75%的项目由党员担任组长;在学院"红色领航"活动中,领航团队主要由党员担任组长;新生助理班主任,100%由学生党员担任;由学院评选推送的标兵榜样超过90%为学生党员;3名学生党员因表现突出先后获评校十大优秀学生标兵、十大优秀学生干部标兵。

3. 支部对外交流效果提升。为不断改进工作方式,学院积极与其他高校学生党组织进行交流。目前已经与南昌大学经济管理学院、江西师范大学商学院建立了定期的交流互访机制。此外,三年来先后有超过20名学生党员骨干前往井冈山、弋阳、于都等地,参观走访著名红色教育基地,取得了良好的交流效果。

五、经验启示

1. 党建工作必须以完善制度为保障。为了实现学院学生党建工作常态化长效机制,除了以红色教育为基本教育内容、以"三会一课"为基本制度、以党支部为基本单位外,学院不断完善了学院党员发展、教育等多方面的规章制度共10例,成为规范学院学生党建工作的重要保障。

2. 抓好党员教育这一关键。为进一步提升学生党员的理论素养和综合素质,工商管理学院每年都会按年度计划举办一系列的党员集中教育,党员每年集中学习时间在30个学时以上。同时学院鼓励各学生党支部单独组织理论学习,通过学习强国App、支部书记讲党课、支部成员学习讨论等形式创新支部理论学习方式。目前已有超过100篇党员学习心得被汇编成册。此外,"小喇叭"微信公众号不定期发布理论热点、时政要闻,成为党员理论学习的重要平台。

3. 支部建设要有鲜明特色。红色党建将红色教育融入党课教育、理论学习、网站建设、校园文化建设、社会实践、人才培养的各个环节中,将价值塑造与知识供给、政治教育与解决问题的实际能力相结合,成功发挥红色教育的感染力、亲和力和说服力,增强大学生入党积极分子和党员爱党爱国爱社会主义的信念。

立德树人有道,春风化雨无声。江西财经大学工商管理学院"一体两翼"大学生党建工作管理模式打造二级学院党建特色,培育优秀党员,发挥先锋示范引领作用,用品牌提升立德树人工作成效。该党建工作管理模式立足学院特色,将红色教育贯穿全过程,以增强党员党性修养,打好高校党建和红色教育组合牌,致力于发挥党员模范作用,提升党员素养。通过对高校党建工作的规范化、品牌化探索,有效增强了广大学生党员的引领力、凝聚力和战斗力。

作者简介:曹继明,江西财经大学工商管理学院辅导员,工商管理学院本科生第二党支部书记;周海燕,江西财经大学工商管理学院党委副书记。

学思行悟,知行合一,全力推进学习型党支部建设

廖波　刘丽芳

一、案例背景

党的十九大报告指出:"要增强学习本领,在全党营造善于学习、勇于实践的浓厚氛围,建设马克思主义学习型政党,推动建设学习大国。"知者行之始,行者知之成。为推动深入学习习近平新时代中国特色社会主义思想,软件与物联网工程学院学生第一党支部花心思,下功夫,将学习、思考、行动、感悟贯穿到学习型党支部建设全过程,强调理念、形式、内容、措施的层级递进、循环递进性,学习建设的全员参与、全面覆盖性,着力引导全体党员树立科学的学习实践理念,努力提升每一位党员的思想认识水平、综合素质和发展能力,以喜闻乐见的方式,让全体党员在潜移默化中更深刻领悟地习近平新时代中国特色社会主义思想,学思行悟,知行合一,全力推进学习型党支部建设。

二、工作目标与思路

软件与物联网工程学院学生第一党支部坚持以学为先,以思为魂,以行为本,以悟为核,注重理论联系实际,将学习、思考、实践、感悟贯穿到学习型党支部建设的全过程中,着力引导支部全体党员树立科学的学习实践理念,努力提升每一位党员的思想认识水平,凝聚基层党支部组织力量。

软件与物联网工程学院学生第一党支部推出形式多样、内容丰富的学习实践载体,形成层级递进、环环相扣的学习体系。支部积极开展党日活动,邀请专家、学者、领导到支部开展讲座,宣传习近平新时代中国特色社会主义思想精神等"学习"活动;组织开展"理论月旦评"活动、红色故事汇专题等"思习"活动;利用学院研发的"软件 E 党建"平台,开展线上答题、网页设计比赛、微信投票、H5 展示等"行习"活动;举行优秀党员、优秀党小组评选,树典型,立新风;举办"新时代　新思想　新征程"主题手抄报绘画大赛,举办寒假习近平新时代中国

特色社会主义思想精神宣讲活动、"微党课"讲述青年习近平故事等"悟习"活动。

三、实施方法与过程

（一）抓学习教育，促党员素质提升

1. 坚持系统学、及时学、原原本本学、联系实际学。软件与物联网工程学院学生第一党支部根据学院党委统一要求，结合工作实际，确定学习形式和内容。坚持"系统学"党章、党规、党纪、党的路线方针政策、习近平新时代中国特色社会主义思想、法律理论、专业知识；坚持"及时学"党的最新决策、理论最新发展、社会最新热点；坚持"原原本本学"原著、原文、悟原理；坚持"联系实际学"，力求融会贯通、知行合一。暑假期间所有党员按照要求完成了党员教育培训网络学习，并撰写了心得体会，其中15篇被评为优秀心得体会。

2. 坚持支委带头学，支部内部相互学，党支部之间联合学。坚持支委"带头学"，以身作则，带头"学"，带头"做"，讲党课、讲专题、开展精神理论宣讲；坚持支部内部"相互学"，支部全体党员积极参加支部活动，如在"理论月旦评"活动中，以党小组为单位，坚持做到交流学习心得，总结学习得失，积极开展批评与自我批评；坚持党支部之间"联合学"，积极主动联系学院其他三个学生党支部，充分发挥各支部的优势，共同开展支部活动，如软件与物联网工程学院学生第一党支部联合第二、第三党支部召开"时习之"H5展示大会，畅谈学习习近平新时代中国特色社会主义思想的体会。

3. 坚持在对标立规中查找差距，统一思想，提高认识。通过对标革命先辈和先进典型找差距，组织学习钟扬老师、曲建武老师的模范事迹和先进典型，引导党员以革命先辈和先进典型为镜，反思差距，激发党员干部比学赶超、创先争优的劲头。注重反面教育警示触灵魂，组织党员学习"厦门洁洁良""7号要开会吗？"等学生中反应广泛的事件，联系党规党纪，增强党员廉洁自律意识，提高党员素质。

（二）抓系统思考，促科学谋划工作

1. 在学习中查找不足，谋划布局，推动工作。通过集中研讨、群众评议，把理论学习切实转化为党支部工作的系统思考，促进工作向更高水平发展。认真

召开每一次党日活动、组织生活会,严肃开展批评与自我批评,针对工作中存在的问题,积极查找原因,讨论整改办法,科学谋划党支部工作。

2.在实践中深化认识,总结经验,探索方法。按照标尺推进法,落实"六个一"的党员、入党积极分子学习实践提升计划。"六个一"即"签署一份承诺、研读一部经典、开展一项调查、做好一周义工、帮助一位同学、组织一次评议",使入党前、入党中和入党后的考察教育具有实实在在的措施和目标。党支部充分发挥"成长手册"功能,严格按照"三个要"的要求规范管理。"三个要"即要"一人一表",统一使用"阶段成长评价表",由相应责任人根据成长过程逐项记录党员综合情况;要"一事一记",在成长过程中每完成一个环节、一项内容,及时做好记载并签名;要"一步一审",按照党员自评、群众评议、组织评定的步骤,每完成一步,由相关责任人对记录内容进行审核,注重"阶段成长评价表"评估结果的转化运用,精细化、扎实化推进党员教育管理工作。

(三)抓细悟笃行,促党建开拓创新

1.推动支部理论武装工作创新,为学院改革发展凝聚思想共识。质量是根本,构建学习型党支部,必须对支部的政治、思想、组织、作风、纪律五个方面的建设进行并建提质,同时将制度建设贯穿其中。具体来说:一是完善党支部标准化建设清单、工作任务清单、支部委员职责清单、台账清单、"三会一课"制度、党支部各项党建工作流程图;二是结合学院支部党建工作中的主要问题,分层次、多形式、全覆盖地开展理论学习,落实党建巡视整改任务,规范学习制度,提高理论学习的质量和效果;三是实现理论宣讲活动全覆盖,确保重要理论学深学透、入脑入心。我们积极邀请校领导、校内外专家,开展习近平新时代中国特色社会主义思想理论宣讲,推进理论宣讲入课堂。

2.推进意识形态工作方法创新,确保意识形态工作不发生任何问题。通过建立思行园地、生活园地、风采园地、教育园地、纪律园地五大园地体系,抓实抓牢意识形态的主战场;以"厦门洁洁良"事件为反面教材,持续强化意识形态责任意识,不断加强意识形态研判工作,明确要求党员同志公开言论守规矩;严格加强对党支部微信公众号、QQ群等网络媒体管理,弘扬主旋律,传播正能量;杜绝违法、有害言论和思想的传播。

3.推进党员教育管理工作创新,认真做好党员发展工作。支部本着"把骨干发展为党员,把党员培养为骨干"的精神,严把党员"入口关",做好积极分子的培养和党员的发展工作。通过标尺推进、分层教育的精细化管理模式,做到每一位党员发展有痕迹、过程有考核、质量有保证。目前该方式已在学院各支部普遍应用。

四、工作成效与经验

"欲知平直,则必准绳;欲知方圆,则必规矩。"软件与物联网工程学院第一党支部根据时代发展和学生思想实际,积极探究党支部建设规律,提高基层党建工作科学化水平。

(一)学习内容有针对性,学习时间有灵活性

通过面向全体党员征集意见,我们给支部党员配备了学"习"五件套,包含了《习近平谈治国理政(第一卷)》《习近平谈治国理政(第二卷)》《中国共产党章程》、党的二十大报告、政治学习记录本,支部党员学有动力,学有目标。近两年支部党员参加党内生活、理论学习的考勤率都在95%以上,学习心得的提交率为100%,对学习内容、形式的满意度在95%以上,学习型党支部建设已打下扎实基础。

(二)学习质量有提高,党员素质有提升

至今为止,党支部共开展8次党日活动、1次网络专题培训、2次专家讲座、4次微党课、8次"理论月旦评"活动、1次组织生活会,共收到支部党员撰写的心得体会85份,计17万字,装订了《学思悟行——软件与物联网工程学院学生第一党支部心得体会集》。目前我们正在收集《软件与物联网工程学院学生第一党支部学习成果汇编》的内容,集中展示支部学习的成果。

(三)精神状态更振奋,党建成效更明显

经过一年来学习型党支部的集中建设,支部党员的学习、工作干劲更足,综合素质和取得成绩得到了全体师生的认可。党员"五合一"示范卡(学习卡、党章、党徽、党员证、党员成长卡)被作为党支部标准化经验在全体支部中推广。支部在学院党委组织的"七·一"表彰中荣获先进党支部称号,朱嵘等5位党员荣获优秀党员称号。党支部成员在手抄报比赛中荣获1等奖1名、2等奖3名、3等奖3名,在知识竞赛中获最佳组织奖和最佳个人奖,获奖数量为四个学生党

支部之首。3位党员获得研究生推免资格;年级加权前10名中,有4位为第一党支部成员,前20名中,有8位为第一党支部成员;1位党员获国家奖学金,6位党员获国家励志奖学金。党员中获奖比为85%,真正发挥了党员的先进性和示范带头作用,实现了党建与专业学习的深度融合。

学做结合、知行合一,是各项事业发展的动力和基础。该工作案例重在"学、研、用"一体推进,坚持理论学习常态化、制度化,使理论学习成为促进基层党支部建设、提升基层党支部组织力的重要平台,成为落实习近平新时代中国特色社会主义思想要求的重要载体,成为引导党员践行习近平新时代中国特色社会主义思想的重要渠道。我们要切实学懂、弄通、做实习近平新时代中国特色社会主义思想,必须以实际行动推动全面从严治党不断向纵深发展,切实提高基层党组织的战斗力和凝聚力,确保支部全体党员更加紧密地团结在以习近平同志为核心的党中央周围,为实现中华民族伟大复兴的中国梦而不懈奋斗。

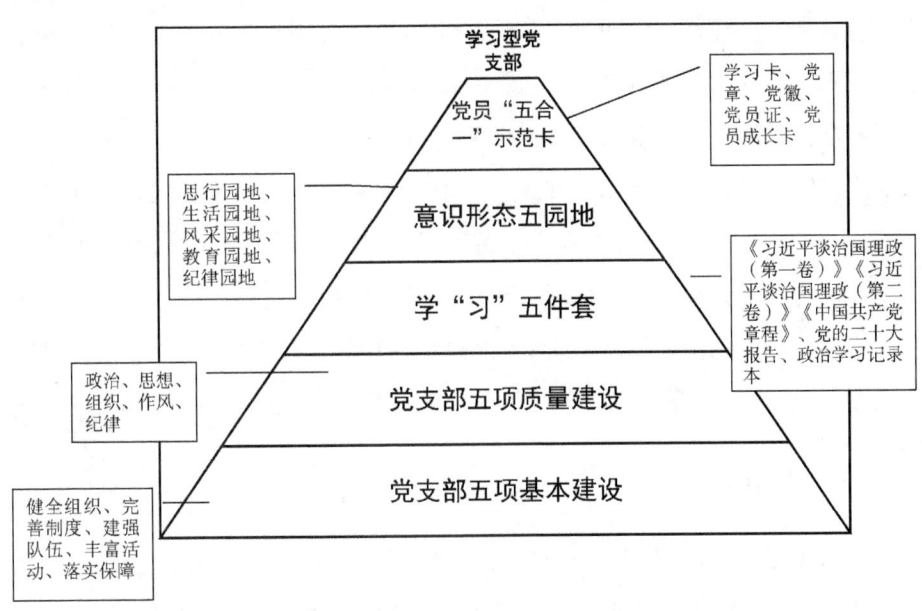

图9 软件与物联网工程学院第一党支部"学习型"党支部堡垒构建图

作者简介:廖波,江西财经大学软件与物联网工程学院团委书记,软件与物联网工程学院学生第一党支部书记;刘丽芳,江西财经大学软件与物联网工程学院教务办主任,软件与物联网工程学院学生第二党支部书记。

"党建引领+专业实践"双融双促,构建新时代高校学生党支部建设新模式
——以江西财经大学外国语学院全心全"译"特色党建项目为例

刘素媛

一、案例背景

党建"双融双促"是落实以习近平同志为核心的党中央加强高校思想政治建设工作要求的重要举措。全省各高校党委以习近平新时代中国特色社会主义思想为指导,全面贯彻党的教育方针,组织开展"双融双促"活动,推动学校上下围绕中心抓党建,抓好党建促发展,以高质量党建引领学校事业高质量发展。

结合新时代高校党组织建设新要求,外国语学院研究生党支部积极探索加强支部建设的有效途径,着眼于将党建工作与专业外语学习紧密融合,围绕"七个有力"标准,建设"全心全'译'"党建工程,在理论学习、阵地建设、志愿服务等多方面均取得优异成效,党员先锋模范作用突出,党支部充分发挥了战斗堡垒作用,形成了"党建引领+专业实践"的双融双促全新模式。研究生党建"双融双促"已经成为学院高质量研究生培养和卓越研究生教育的源头活水。

二、具体做法

(一)全心全"译"学理论——补足精神之钙

外国语学院研究生党支部始终坚持在学懂弄通做实上下功夫。扎实推进"两学一做""三会一课"常态化、制度化。不断丰富学习形式,既有支部书记讲党课、参加时事政治报告会等打造思政教育理论前沿阵地的活动,又充分利用周边红色资源,组织党员前往红色基地如江西省图书馆、小平小道等实地参观感受,通过"日常学习+特色活动"双向联动,提升学习效果。

外语是学生"看世界的第一扇窗",聚焦专业特点,支部深入挖掘外语学习

中的党建元素,开展"红色外语理论学习+思政研究",发挥"第一课堂""第二课堂"协同效应,打造全方位"党建外语双创新"格局。

1. "第一课堂"深耕百年党史。学院坚持党建与研究生人才培养相结合,打造"金课工程",构建课程思政育人课堂。引导学生读马列原著、悟革命真理;开办"翻译经典中的党史研究"系列讲座,启发学生运用辩证法观点分析语言发展问题;研习经典,追踪《共产党宣言》在中国的翻译与传播,鼓励学生坚定文化自信,做一个敢于创新的外语人,为讲好中国故事,在世界范围内传播中国优秀文化做出积极贡献。

2. "第二课堂"解码信仰力量。支部充分利用课题、竞赛、实践等"第二课堂"平台、资源,鼓励学生参加党史知识竞答、优秀传统文化竞赛等各项赛事,从专业小切口出发积极申报有关思政、党建课题,坚持以研促学,以赛促学,推动党建工作全过程全方位育人。

(二)全心全"译"建阵地——筑牢信念之基

支部深挖学院特色资源,依托四个阵地,打造"四位一体"立体式党建,充分激发阵地内在活性。

1. 书记领阵。"群雁高飞头雁领。"党支部书记在阵地建设中认真落实"第一责任",一体规划阵地建设方向、建设路径、具体形式、重点工作等,督促指导,高效落实。

2. 支委主阵。支委严格用党章党规规范党员行为,不断创新工作机制,推进支部高质量建设。例如在党员发展上,支委会以"发展答辩制"为载体,实施"三推三评",既注重学习成绩、学术竞赛等"硬实力",又将活动参与、志愿时长等"软实力"纳入考核标准,使党员质量从源头得到保障,管理党员、监督党员有力。

3. 党员上阵。支部建章立制,充分发挥鼓励激励、容错纠错机制,以鼓励激励激发党员同志学习干事热情,以容错纠错创造轻松支部环境;让全体党员都自觉融入阵地,运用阵地,强化阵地,积极上阵,主动作为;充分调动支部党员开拓进取、奋发有为的积极性,营造出想干事、能干事、干成事的浓厚氛围。

4. 宣传助阵。支部不断创新党史教育载体,打造多重宣传阵地,切实增强学习教育的吸引力、感染力和针对性、实效性。支部自2021年3月6日起推出"'语'你讲党史"系列微推,周周如期而至,均采用中英双语刊载党史经典故事,截至目前共推送58期,60000余字;2022年升级推出"'语'你读经典"栏目,双语推送《习近平谈治国理政》等经典书目;创办《红色外语》电子杂志,开设支部官方抖音账号,创作"外语讲党史"系列短片,打造专属外院人的学习教育材料,将"学外语"与"习党史"有机融合,使得理论学习既"有意义"又"有意思"。

(三)全心全"译"抓实干——坚定服务之心

1. 创建品牌服务,服务项目从"心"到"新"。支部立足外语专业优势,创新志愿服务模式,打造外院品牌项目。支部成员钟圆、申迪等人在李瑾老师的带领下积极完成欧洲虚拟展会、东南亚多国展销会等500余场交替传译工作,为服务地方经济建设做贡献;郭龙艳、范乙笑、王子康等人在肖琳老师的指导下,积极参与由北京中医药大学循证医学中心主办的循证医学播客翻译志愿行动,争做科学医学知识的传播者。支部不断引领外院研究生党员在志愿服务活动中发挥专业特长,创先争优。

2. 点亮党员形象,服务模范从"静"到"竞"。支部始终坚持"全心全意为人民服务"的宗旨,成立"'语'你同行"党员先锋志愿服务队,持续深入服务一线、基层一线,以实际行动践行党员的初心使命,党员同志为各项工作的顺利开展做好了宣传鼓劲和服务保障工作。

3. 扩大服务半径,服务范围从"源"到"远"。支部党员带着源于学校的"真诚奉献"之心,走出校门,将奋斗的激情继续洒满基层,洒向远方,把青春绽放在祖国最需要的地方,在社会的大舞台上继续发光发热,建功立业。

三、主要成效

(一)取得系列显著成绩

以研促学,以赛促学。支部书记个人先后荣获全省辅导员职业能力大赛二等奖、全省安全教育教学展示大赛二等奖、校党务技能大赛一等奖、校"优秀党务工作者"、校"优秀班主任标兵"等十余项荣誉;支部成员周禹获国家奖学金,康蕾获江西省政府奖学金,彭佳钰、万碧柔获学校"映山红"大学生党员先锋荣誉称号等；支部成员肖玉婷、于瑶等积极撰写学术论文，参与"红色旅游翻译与传播"相关学术讲座；谢思获全国高校传统文化英译江西省一等奖，参与高校党史知识竞答，荣获江西省一等奖；甘霖、张家威立项江西省研究生创新专项资金项目；唐蕾立项"青马课题"……支部半数以上研究生党员同志获国家级、省部级以上奖励，这些优秀成绩取得的背后都无不充盈着"党建红"。

（二）成就一批榜样人物

支部成员张家威、杨恒、欧阳磊等同志主动报名，投身南昌市疫情防控第一线；肖玉婷在全国高校青年宣传志愿行动中，积极宣传中国医生无私奉献精神，荣获"优秀志愿者"称号；揭新兰积极参与"乡村振兴"志愿行动，荣获"杰出青年"称号。支部打造出了一支在学上见真功、在做上见实效的高素质党员先锋队伍。

（三）产生积极社会影响

支部党员同志立足专业优势，通过提供语言服务，搭建交流桥梁，参与国际展销会传译、循证医学翻译等社会公共服务，为地方和国家的经济、社会、文化等发展做出了积极的贡献。在"到基层去，到西部去，到祖国最需要的地方去建功立业"的号召下，支部党员彭佳钰前往四川省小金县支教，用青春梦想为山区的教育脱贫奉献点滴力量；熊晨顺利通过南昌市引进优秀大学毕业生面试，现于南昌市小蓝经济技术开发区管委会招商局工作，继续留赣加油干；王梦飞毕业后回到家乡，走上三尺讲台，在教师的岗位上教书育人，发光发热。

四、案例启示

新形势下如何处理好高校党建工作和教学业务工作的关系一直备受关注。本案例准确把握党建工作面临的新问题，总结做法、提炼经验，为以系统思维推动党建与业务工作深度融合，坚持围绕中心抓党建、抓好党建促业务，全面提升党组织政治功能、组织功能，构建"党建引领+专业实践"双融双促党支部建设新模式提供了可复制、可推广的思路、措施和方法。

"全心全'译'"党建工程是由外国语学院研究生党支部牵头发起，面向支部党员及学院全体硕士研究生的主题党建活动。聚焦"党建+外语"精准融合，完善融合机制,该模式较好地找到了"教"与"育"的结合点,找准了"教"与"做"立足点,抓住了党员教育"情动于衷,外化于行"的兴奋点,充分发挥了支部政治功能和组织功能,有利于进一步激励学生党员充分发挥先锋模范作用,促进学生党员努力成为堪当民族复兴重任的时代新人,将党支部建设成为有效实现党的领导的坚强战斗堡垒。

作者简介:刘素媛,江西财经大学外国语学院学工办主任,外国语学院研究生党支部书记。

"政解小讲堂"绽放育人大力量
——高校党支部主题党日创新路径探析

周海燕　姜浩天

一、案例背景

江西财经大学工商管理学院研究生党支部积极探索特色主题党日活动的开展办法,最大限度地把研究生党员和积极分子组织起来,打造出了具有创新力、执行力和凝聚力的党建品牌活动——政解小讲堂。通过念好"讲、研、论、合"四字诀,有效地促进了研究生党员教育的"知、情、意、行"内在矛盾转化过程。至今编辑成册《小讲堂汇聚大力量》《政策下的我们》系列微党课素材3册,取得一定的教育成效。研究生党支部于2021年7月成功入选第二批全国高校"百个研究生样板党支部",学院党建特色工作先后获得省级奖励5项,不仅获得了全校师生的一致好评与肯定,还受到学习强国、江西教育电视台、大江网等众多媒体的宣传报道。笔者先后在全国范围内开展党支部建设经验分享10余次。

二、案例思路与实施

依托全国研究生样板党支部建设,学院研究生党支部以"政解小讲堂"为载体,以研究生党员及教师为主体,以全院学生党员及入党积极分子为受众,通过开展小讲堂解读时事热点政策,提高对习近平新时代中国特色社会主义思想认知水平;通过举办学术沙龙展现学术观点,拓展丰富习近平新时代中国特色社会主义思想教育思路;通过实施新思维论坛活动提升习近平新时代中国特色社会主义思想内化水平;通过畅通"研本1+1"互促互学互进渠道,发挥研究生党员的模范带头作用,使习近平新时代中国特色社会主义思想教育有了丰富的活动载体和有力的组织依托,坚定大学生对习近平新时代中国特色社会主义思想的自觉、自信,真正地让党的二十大精神及习近平新时代中国特色社会主义思想等理论知识在学生心中落地生根、开花结果。

（一）讲：小讲堂——化整为零，小视角解读大政策

工商管理学院研究生党支部充分发挥学院学科特色优势，将经济、管理学科特色与政策、理论学习相结合，将研究生党员的科研方向与政治理论学习结合起来，以小讲堂的形式组织开展，让研究生党员从专业方向出发，逐层剖析经济发展特点、明确政策导向与党的二十大报告精神、习近平新时代中国特色社会主义思想等理论知识的精髓。同时工商管理学院研究生党支部搭建本硕博学术交流的平台，促进本硕博联动，发挥研究生党员的模范带动作用，为本科生的成才成长树立样板标杆，达到提升党员政治理论水平、学术科研能力，促进本科生发展的多重效果。

（二）研：学术沙龙——政解小短文，展现新观点

支部先后开展学术沙龙、"悦读红色金典"读书报告会、学习理论征文以及心得报告会等活动，同时在研究生网络宣传平台和本科网络宣传平台"小喇叭"进行线上话题讨论，进一步激发学生党员的学习积极性，营造良好的学习氛围。

（三）论：新思维论坛——辩新时代话题，明青年发展方向

支部在强化党的基本理论、基本路线、基本纲领、基本经验学习的同时，创新党员学习教育方式，开展新思维论坛活动，面向学院的研究生和本科党员及入党积极分子，深入剖析时事政策热点，以提升党员的学习热情，加深党员对党的理论知识的学习。同时，为提高新形势下学生党员理论修养，增强党性观念，树立正确的世界观、人生观和价值观，党支部积极开展以"政策下的我们"等为主题的辩论活动，学生党员联系自身实际，通过交流在新时代下寻找自身的定位，进一步明确学生党员的发展方向。

（四）合：大手拉小手——"研本1+1"，携手共成长

本科党员通过在参与小讲堂、学术沙龙、新思维论坛三个活动中发现的新问题，直接与研究生党员对接科研课题，合作提出申报主题，确认课题申报内容，同时可跟随研究生党员在暑期三下乡课题和省级课题中的调研工作，积累课题申报、调研和结题经验。另外，每学年结束时，在学生党员中评选出在学习、实践、科研、工作、服务等方面表现优秀的学生党员，授予"十大优秀党员"称号以激发学生党员创先争优、争当典范的积极性，并举行优秀党员事迹报告会

传播正能量,这能有效激励研究生与本科生之间的交流与合作,形成良好的双赢循环机制。

三、案例成效

支部依托多层次学科背景,对标支部建设"七个有力"标准,狠抓"三化"建设,坚持党和国家对研究生人才培养的需求就是党建关注焦点、研究生学习科研难点就是党建关心热点的理念,大力推进研究生党建工作与专业学习、社会服务的良性互动,取得了良好的成效。

(一)党员综合素养全面提升,党员模范带头作用彰显

"政解小讲堂"活动由研究生党员牵头、发起、组织,学生党员既是教育活动的组织者,也是参与者,在活动中接受教育,强化责任,提升党性修养,树立了党员的光辉形象,提升了党员在日常学习活动中的影响力。目前研究生党员在学习、生活、工作、实践等方面示范作用充分发挥,科研成果丰富:博士生研究生党员卢海涛获评首批江西省研究生"十佳学术之星"(全校唯一),毛纯兵获评江西省研究生"十佳实践之星"(全校唯一),多位研究生党员获得"研究生国家奖学金",研究生党员共发表权威论文 22 篇、CSSCI 论文 23 篇,学院研分会连续 11 年获校"优秀研分会",71% 的研究生党员获省级以上奖励,获国家奖学金、大创赛全国银奖、最美大学生等省级以上奖励 102 人次。

(二)党员教育实效性高,教育主体多样鲜活

通过开展"政解小讲堂"系列活动,习近平新时代中国特色社会主义思想的教育主体多样了,教育内容鲜活了,教育模式先进了,教育载体丰厚了。通过学习掌握党的二十大报告精神、习近平新时代中国特色社会主义思想等理论的形成、发展过程来阐释政策和理论学习的必要性和重要性,通过主讲人、组织者切身体验推进党的思想政治理论进课堂、进班级、进宿舍、进网络、进社团等,增强学习习近平新时代中国特色社会主义思想教育的实效性和针对性。

(三)搭建本硕博联动平台,促进本硕博互动成长

"政解小讲堂"系列活动以科研学术为主题,将政策学习与科研学习相结合,搭建了让本科生参与研究生科研活动的平台,实现了本硕博联动,既能推动研究生党员的科研进展,又能为本科党员提供新的政策解读视角,同时激发研

究生党员发挥模范带动作用,深入开展本科课题申报的指导工作,搭建课题申报研究的合作平台。"政解小讲堂"系列活动,进一步提升了党员教育管理质量,增强了基层党组织的吸引力、感染力和凝聚力,为改进基层团组织的工作内容和活动方式提供了很好的范例,促进了党建带团建工作的全面开展。

四、经验与启示

小切口诠释大主题,小思想释放大能量。"政解小讲堂"作为研究生支部党建品牌,其系列活动形式新颖、内容丰富,指导实践、推动工作的意义深远,进一步丰富了党员教育体系,增强了党员教育的针对性和实效性,使学生从教育学习中获得走向未来的视野和胸襟,汲取赢得未来的智慧和力量,为开启研究生党支部高质量发展新局面奠定了坚实基础。

江西财经大学研究生党支部必将继续深入学习贯彻党的二十大精神和习近平新时代中国特色社会主义思想,不断改进学习教育方式方法,发挥样板支部创建的影响力、凝聚力,将党的二十大精神和习近平新时代中国特色社会主义思想内化于心、外化于行,做新时代新理论、新思想忠实的传承者和坚定的践行者。

作者简介:周海燕,江西财经大学工商管理学院党委副书记,全国高校"百个研究生样板党支部"工商管理学院研究生党支部书记;姜浩天,全国高校"百个研究生样板党支部"工商管理学院研究生党支部副书记。

人人都是宣讲员,处处皆是微党课
——江西财经大学工商管理学院研究生党支部主题党日活动探索

周海燕　林佳雨

一、案例背景

习近平总书记在党的二十大报告中强调,要"增强党组织政治功能和组织功能,坚持大抓基层的鲜明导向,把基层党组织建设成为有效实现党的领导的坚强战斗堡垒"。提高主题党日活动的质量和效率,是增强党组织的战斗力和凝聚力的有效途径。江西财经大学工商管理学院研究生党支部自获批全国第二批"研究生样板党支部"以来,结合专业学科特色开展理论宣讲,旨在把学习贯彻习近平新时代中国特色社会主义思想主题教育走深、走实,进一步增进大学生对习近平新时代中国特色社会主义思想的政治认同、思想认同、理论认同、情感认同,打造出了具有创新力、执行力和凝聚力的特色党建活动——"人人都是宣讲员,处处皆是微党课"。

二、工作目标与思路

支部坚持把微党课作为主题党日活动的重要工作载体,提升党员教育质量,合力构筑党建工作、意识形态工作、思想政治工作一体化的育人格局,开创支部工作新局面。

支部按照"三个一"组织开展系列活动:支委会制定一份月度计划;各党小组自主开展一次"党员心语"活动(结合政治生日开展);每个月讲一次10分钟的微党课。支部通过"学中做、做中学"的方式加深党员和入党积极分子对党的二十大精神和习近平新时代中国特色社会主义思想的理解。围绕"七带动",着力发挥政治引领、团结凝聚师生、促进学习科研等方面的主体作用,我们打造了党支部主题党日活动样板。

三、实施方法与过程

党支部采取集体活动与支部特色活动相结合、学科专业建设与党课内容相结合、"三会一课"与"微党课"相结合,支部政治理论学习与实习实践、志愿服务、警示教育等相结合的方式开展。

(一)建设学习型党支部,扎实"理论输入"

政治上的坚定来源于理论上的清醒,"理论输入"是讲的第一步。

1. 把握专业课程思政优势,打好理论基础。用好课堂教学、学术科研课题项目、网络平台等学习主渠道。

2. 定期开展读书班活动,厚植马克思主义信仰。根据主题教育的必读和选读书目,选定学习内容,扎实推进学习。

3. 丰富实践形式,体验促进升华。支部党员前往奉新县西塔村、进贤、安义等地参观爱国主义教育基地,促进理论提升。

4. 利用各种学习资源,完善知识体系。分别从"党性和人民性的高度统一""敢做敢想,善作善成""研究生的使命与担当"等方面进行了生动通俗的微党课解读。

同时,党支部积极开展党的二十大精神学习宣传,推动学习宣传走深走实。

(二)推进教育型党支部建设,落实"理论输出"

支部探索打造了一支宣讲队伍,学讲中国精神、中华优秀管理思想,作为落实理论输出,锻炼宣讲能力的"练兵场"和"主课堂"。

1. 打造一支宣讲队伍,传承红色基因。依托学院党委特色品牌"工商红"建设,把红色教育与身边人讲身边事、讲自己事、教身边人相结合。

2. 开展学讲中国精神活动,做中国精神的传人。选取井冈山精神、长征精神、苏区精神、方志敏精神等二十种典型精神进行学习。

3. 参与中华管理思想文化园内容建设与宣讲。支部成员积极参与到相关资料收集整理、文化内容建设、参观讲解等工作中。

(三)推进"学悟讲行"贯通,打造主题党日活动样板

在样板支部建设过程中,我们坚持把一件事做好,把主题党日开好。通过广泛学、重点悟、突出讲、抓实做,实现"让我学"到"我要学"的转变,小切口诠释大主题,小故事讲述大道理。

四、工作成效

(一)主题党日作用显现,立德树人的最强音旋律高扬

打造"人人都讲微党课"主题党日活动,在支部形成了"人人讲党课,党课育人人"的意识和氛围。

(二)阵地意识日益强化,思想引领的正能量不断汇聚

我们将微党课课堂延伸到兄弟高校、到校友企业、到红色革命教育基地、到乡村振兴点等;推出"研途榜样""国奖风采""省奖风采"等栏目,党员意识彰显。

(三)科研氛围日益浓厚,人人思进取的力量正在凝聚

支部党员共发表核心以上期刊论文55篇(含百优案例),立项省级以上课题21项,多人考取博士。两年来,支部党员获得省级以上荣誉41项。

(四)奉献精神处处彰显,党员身份意识越擦越亮

两年间开展乡村振兴爱心之旅3次,走访贫困户累计21人次,各类捐助价值达100万元,把论文写在祖国大地上成效凸显。

五、经验启示

主题党日活动、党员教育活动必须有抓手、有载体、有平台,具体落实到党日活动上,主要有四点启示:

1.开展好主题党日活动,首要要把准方向、立好导向。坚持旗帜鲜明讲政治、理直气壮说"党语",推动形成"讲什么先讲政治、学什么先学理论"的良好氛围。

2.开展好主题党日活动,重点是发挥优势、形成声势。支部充分用好支部党员构成层次多样、理论研究相对深入、群体相对集中等便利条件,有效提升党员教育的针对性和吸引力。

3.开展好主题党日活动,关键是增强动力、激发活力。开展微党课,注重聚焦大家关注的热点、难点推出选题,注重动员身边先进典型作为选手,通过先进带动示范形成效应。

4.开展好主题党日活动,根本是形成常态、促进长效。支部近年来坚持将创新主题党日活动形式与落实"三会一课"等组织生活制度结合起来,注重及时把好做法、好经验凝练出来固化成工作品牌。

心有所信,方能行远。系列"小而精"微党课活动开展,让主题党日既有"言值"又有"研值",今后,支部将以高质量党建引领推动研究生教育高质量发展,把主题党日活动作为党建工作重要内容,进一步推进研究生党建"双创"工作,不断提升党支部建设规范化水平,助力研究生党建工作育人。

作者简介:周海燕,江西财经大学工商管理学院党委副书记,全国高校"百个研究生样板党支部"工商管理学院研究生党支部书记;林佳雨,全国高校"百个研究生样板党支部"工商管理学院研究生党支部副书记。

红绿共进打造大"美"支部
——环保类社团团支部建设案例

张天元　周珏　刘馨　陈颖　王媛

一、案例背景

高校社团一直是大学生思想政治教育工作的重要阵地。在学生社团组织中建立工作型团支部,有利于充分发挥社团组织的育人作用,将思想政治工作融入学生社团日常活动也能够进一步落实共青团思想引领作用。

江西财经大学绿派社团支部成立于2000年6月,现有团员109人,配有团支部书记1人、副书记1人、委员3人,隶属江西财经大学团委和工商管理学院团委管辖。绿派社团支部实行团小组制,下设6个团小组,坚持团员培养工作。

自成立以来,绿派社团支部一直坚持以"弘扬绿色文化,开拓环保绿地,促进人与自然和谐共生"为使命,以"青年乐享环保公益,全民共护绿水青山"为愿景,以持续性的改革创新为活力源泉,致力于环境保护和社会公益事业。支部不断深化组织结构与活动方式改革,加强支部的引领作用,以更好地倡导和谐的人与自然、贴近自然、关爱自然、保护自然。江西财经大学绿派社团支部开拓创新、担当作为,进一步深化认识,把握规律改革创新,坚持围绕中心服务大局,优化支部组织架构与活动方式。社团支部在共青团建设大格局中找准活力团支部建设的目标,工作格局建设紧紧围绕支部价值体系,推进红绿文化共生性改革,以小我之行,成就大我之"美",为目前高校团支部环保事业的蓬勃发展提供新的可持续发展的方法和路径。

二、工作思路

(1)深化认识,找准团支部建设目标。绿派社团支部不断深化自我认识,结合过往经验,系统梳理活动中心任务及目标,明确支部服务主体,坚持围绕中心服务大局,优化支部组织架构与活动方式,在共青团建设大格局中找准团支部建设的目标,工作格局建设紧密围绕支部价值体系。

（2）整合资源,搭建志愿服务合作平台。绿派社团支部注重整合社会资源,联合各高校志愿服务社团及社会志愿组织,搭建长期性志愿服务合作平台,建立"场地共享、共融结对"运行机制,实现由"靠自己"向"齐发力"的转变,在志愿服务领域全面布局,形成合力。

（3）以人为本,永葆支部成员思想先进。绿派社团支部坚持"以人为本,育人为先"的人本理念,注重对团干的培养,在成员参与社团日常活动的同时开展思想教育活动,将理论学习融入社团活动,永葆支部成员思想的先进性。同时,支部通过加强班子垂直管理以促进各团小组部门之间横向联合的运作,形成纵向直通性交流、横向扁平化互动的高效团支部组织体系,把团的工作尽可能覆盖到每一个团员青年。

（4）开拓创新,推进红绿文化共生改革。绿派社团支部将红色基因与绿色理念进行深度融合,结合时事热点与社会的价值导向,筹备响应时代呼唤的环保活动,注重在实践中培养青年社会责任感,促进支部成员在实践中学习党的精神内涵,使其深刻体会时代的需求,在潜移默化中引导成员感受成长意义和所肩负的时代责任。

（5）精益求精,完善活动评价反馈体系。绿派社团支部始终秉持精益求精的行动理念,对内定期召开总结会议,开展自我批评,积淀宝贵经验;对外学习借鉴各高校的成功做法,取长补短,拓宽合作组织评价渠道,完善反馈机制,裨补阙漏,实现长足进步。

三、实施办法

1. 红绿双色,切实推动社团文化改革

绿派社团支部通过红绿文化共生性改革,摸索出以红色为本色,以绿色为主导的文化改革方向。在锻造红色基因方面,支部创新性策划"浅草课堂"红色系列课程,开展凝心铸魂系列讲座,做到支部充分引领、团员主动学习。二十年来的工作实践中,支部共组织近3000名团员进行理论学习,共计推出集体学习、感悟感想、典型事迹等成果近100篇,坚持讲述青年故事,根植红色基因,传播信仰力量。在强化绿色理念方面,支部坚持每年组织成员赴都昌县、婺源县等江西省内不同县市开展生态实践教育,承办"筑生态文明,绘山水宏图"动员大会,大力革新生态文明学习教育形式;与江西省生态环境厅等单位保持长期交流合作,学习先进经验化为己用,提升支部工作质量与活力。

2. 统筹创新,加快构建支部项目化改革

统筹立项,全面构建项目化改革体系。绿派社团支部坚持把改革放在全国环保组织改革的大局中来谋划,构建改革项目体系。一是坚持政策导向。积极响应习近平生态文明思想,践行绿色发展理念。打造"节能领跑,双碳创想"Green Group 项目大赛、"关注点滴,造福万代"节约用水知识大赛、"保护母亲河"主题征稿活动等系列项目,从多个热点环保话题出发,坚持共谋全球生态文明建设之路。二是坚持问题导向。围绕绿派社团支部发展面临的突出问题和团员反应强烈的焦点问题,认真谋划实施一批"获得感"强的项目。大力推进"地球一小时""源远流昌:一化三改赣江保卫战""低碳节能,绿动同行"等项目精品化建设,形成标准流畅的运作体系。三是坚持经验导向。学习、借鉴、推广绿派社团支部成立二十年来积淀的宝贵经验和其他高校环保组织项目化改革的成功做法,结合实际,精心谋划一批具有绿派元素的项目。

创新机制,推进项目化改革精准落地。支部把不断创新、完善工作机制作为推进项目化改革落实的"助推器",连续启动实施"2022"重点项目计划,建立"场地共享、共融结对"运行机制。绿派社支部与包括馨雅苑社区、麦园新村社区、青岚社区等在内的 30 余个社区达成合作关系,以社区活动室或新时代文明实践站(所)为依托,定期开展"分类指间,文明心间"垃圾分类宣讲、清青行动、"集居民之意,筹护野生动物之策"调研等专题项目。同时,支部与紫阳镇第一小学、陆林小学、豫章小学等多所学校达成长期合作,聚焦江西省内生态环境保护特色,打造了"线上+线下"双渠道的环保教育课堂,以完善的教学体系和丰富的实践经验为基础,广泛开展宣传和教育工作,影响人数达 1000 人。

3. 以人为本,强化成员主体意识性改革

以人为本,人字作托,奠定团队建设改革基调。支部开创"以人为本,育人为先"的人本理念,调动成员工作与学习积极性,激发其建设支部的动力。支部注重团干培养,创新团队人才建设,定期开展团干座谈会,组织集中学习,保证成员思想上的先进性;注重在实践中培养青年社会责任感,通过举办系列品牌活动,使其在实践中形成正确的价值观。支部加强体制改革,完善团队建设改革体系,坚持去职能化改革,创新性地落实团小组制,并设立六个项目化小组,加强各团小组部门之间横向联合的运作,形成纵向直通性交流、横向扁平化互动的高效的团支部组织体系,完善了团队建设体系。

四、工作成效

绿派社团支部在革新中不断成长,获得百优团支部、优秀团支部、中国青年志愿者服务项目大赛全国赛铜奖(第四届、第五届)、全国保护母亲河行动先进集体(2005、2006、2007)、湿地使者行动国家级一等奖(2008、2011、2017)、"强国杯"全国大学生社会实践活动三等奖、"燃青春聚能量"2016年全国大中专学生最具影响力环保社团、2020年全国大中专学生志愿者暑期"三下乡"社会实践优秀实践团队、知行计划2021年大学生生态文明和自然教育课程金奖、世界乐水行"滚蛋吧,臭河君"优秀团队奖,二十余年来累计获得省级以上奖项100余项,其中国家级奖项近70项。这二十年来获得的诸多荣誉,是支部不断进行改革优化的成果,也正说明绿派社支部的未来拥有更加重大的使命与责任。问道绿水青山,挥洒一派青春。绿派社团支部最大限度发挥改革效用,宣传环保理念,切实践行环保行动,继续唱响青春之歌,坚定向团向党为人民的美好信念,携手自然生态,让绿色环保的火炬一代代传递下去!

作者简介:张天元,江西财经大学工商管理学院学工办主任,学生社团"绿派社"指导老师;周珏,江西财经大学工商管理学院辅导员,学生社团"绿派社"指导老师;刘馨,学生社团"绿派社"负责人;陈颖,学生社团"绿派社"成员;王媛,学生社团"绿派社"成员。

依托重大契机，以特色团学活动发挥育人功能，引领校园文化新风尚
——以纪念建党一百周年系列活动为例

王小君　黎军华　郭佳磊

一、案例简述

东华理工大学抚州师范学院团委以建党一百周年和党史学习教育为契机，通过特色团学活动的开展，推动校园文化建设，丰富校园文化内涵，加强"育人体系"建设。学院结合重大契机，创新团学活动形式，完善团学活动体制机制建设，通过常规活动特色化、特色活动精品化、精品活动体系化，发挥组织育人、文化育人、实践育人功能，形成育人合力。

在师范生技能培养方面，学院团委开展了"百年党史践初心，砥砺前行育师魂"教师技能比赛、"铭记峥嵘党史，歌颂百年风华"党史故事演讲比赛等；在主题教育方面，开展了"五四精神传薪火，激扬青春献祖国"活动、烈士纪念日主题团日活动、"浓情母亲节，感恩祖国感恩党"活动、"以创意文化月之名，致敬百年辉煌党史"之创意文化月活动等；在思想价值引领方面，开展了"百人礼赞百年华诞"快闪活动、党史学习教育进宿舍活动、"学党史，强党性"献礼建党百年系列活动、"学习百年党史，传承红色基因"主题团日活动、"学党史，知党情，跟党走"读书分享会活动等；在社会公益方面，开展了"大手牵小手，教育帮扶进社区"常态化志愿服务活动，联合社区承办"庆祝中国共产党成立100周年华诞永远跟党走"主题活动等。

学院团委围绕建党一百周年开展的特色团学活动多篇新闻被学习强国、中国教育在线、凤凰网、江西新闻网、江西文明网、大江网等媒体平台收录，其中被学习强国收录10余次，被中国教育在线收录2次，其他省市级媒体报道多次，将学院特色团学活动向外推广，传播学校和学院"好声音"，提高了学院团学活动影响力。同时，学院根据"百人礼赞百年华诞"团学活动所制作的"奋斗青春

心向党 礼赞百年庆华诞"微视频,在江西教育频道进行展播。学院围绕建党百年开展的社区公益志愿项目荣获学校"最佳党日活动"评选二等奖。

二、案例背景与工作思路

中共中央、国务院《关于加强和改进新形势下高校思想政治工作的意见》中提出,要"坚持全员全过程全方位育人",高校要将立德树人作为根本任务,将思想道德教育、社会实践教育等各个环节融入其中,把思想政治工作价值引领真正贯穿于教育教学的全过程和各个环节当中,形成"十大育人"体系长效机制。《意见》指出,要"利用……重大历史事件纪念活动……组织开展主题教育"。

2021年是中国共产党建党一百周年。一百年来,中国共产党人带领中国人民开展了艰苦卓绝的奋斗,实现了中华民族从站起来、富起来到强起来的伟大飞跃。作为党和人民取得显著性成效的重要年,在热烈庆祝中国共产党成立一百周年的同时,全社会掀起了党史学习教育的浪潮。高校也将党史学习教育作为重点和常态化工作狠抓不懈,并不断推动党史学习教育走深、走实。

(一)文化育人——充分发挥重大节庆日等契机中的思想政治教育功能

大学生思想政治教育是落实高校立德树人根本任务与践行社会主义核心价值观的具体要求,也是大学生综合素质的集中体现和核心。要充分发挥诸如建党100周年、十九届六中全会、建团100周年、党的二十大召开等重大契机下的思想政治教育功能,以因势利导的工作思路和理念,加强大学生思想政治教育,在国家和国际大势中帮助大学生树立正确的思想道德观念,并形成正确的世界观、人生观与价值观。作为新时代青年,大学生被赋予了时代责任和历史使命,他们要为实现中华民族伟大复兴的中国梦勇担使命,开拓创新。在对大学生的思想政治教育中,校园文化与大学生学习生活联系较为紧密,因此对于大学生可以开展"浸润式"思想政治教育,充分利用各类现实资源如重大节庆日、纪念日,重大时代或社会背景等,丰富并完善校园文化建设,充分发挥"文化育人"功能。

(二)组织育人——充分发挥高校团学组织的力量,形成育人合力

高校团学组织是充分发挥学生力量,实现"自我教育、自我管理、自我服务"的重要组织力量,共青团作为"中国共产党领导的先进青年的群众组织,是中国

共产党的助手和后备军"。高校学生会以"全心全意服务学生为宗旨,是联系学校和学生的纽带和桥梁"。要发挥高校中的团学组织力量,加强群团组织建设,提升组织力,强化组织政治功能,通过组织丰富多彩、形式多样的团学活动,丰富校园文化生活,运用大学生喜闻乐见的活动方式,提高活动影响力,提升育人成效,发挥"组织育人"功能。大学生本身作为团学组织中的成员,在开展团学活动的同时,也进行着自我教育,能够实现"育人自育"的目标。同时,特色团学活动的开展,对于完善团学组织建设,发挥团学组织功能,提升团学组织内涵具有重要作用,二者相互促进,相辅相成。

(三)实践育人——充分发挥团学活动中的实践育人功能,提高思想政治教育成效

结合重大契机,在团学活动的开展中,要以"三全育人"为导向,做到全员全过程全方位育人,构建适应新形势的大学生劳动教育体系,充分发挥团学活动中尤其是志愿服务中的"实践育人"功能。读万卷书,不如行万里路,大学生只有将理论学习运用于社会实践,才能让青年大学生的社会责任感更"接地气"。高校团学组织可以结合学生专业优势,通过组织特色社会实践活动,让大学生走入社会,服务基层,给他们亲身体验和了解社会的机会,让其在具体实践中感受到只有在社会实践中才能收获个人价值和社会价值。这能够增强青年大学生的个人才能,有利于提升其社会责任意识和担当奉献意识,将"小我"放到"大我"的大环境中,坚定大学生的思想政治意识,强化对其的理想信念教育,发挥"实践育人"功能。

三、案例成效

东华理工大学抚州师范学院团委以建党一百周年为契机,围绕师范生技能培养、思想价值引领、主题教育、社会公益等方面,开展了一批活动多、活动新、成效好的特色团学活动。

(一)活动多——多方位、多层次、多人员

2021年,学院团委围绕建党百年及党史学习教育共开展200余次团学活动,通过班级、团支部、院团委、院党委等多级联动,进行了系统的党史学习教育。如学院团委开展的"党史学习教育进宿舍"活动,通过组织在宿舍楼栋内张

贴红色主题知识宣传,在宿舍内开展红色主题文化布置并进行"红色寝室"评选活动等,营造了良好的红色文化氛围,提升学生爱党爱国情怀。

(二)活动新——形式新、内容新、方法新

大学生群体年轻有活力,富有激情和创造力,因此在针对大学生群体开展教育时,单一的"填鸭式"教育模式已经无法适应新形势下大学生思想政治教育的要求,团学活动也需要创新思维、创新工作形式,结合节庆日及社会背景等重大契机,开展适应大学生特点的喜闻乐见的团学活动,提高大学生参与团学活动的积极性和主动性,提高活动成效。学院开展的"百人礼赞百年华诞"快闪活动,在《唱支山歌给党听》的歌声中拉开序幕,60位学生党员面对党旗庄严宣誓,在入党誓词中重温党的百年辉煌与共产党人坚不可摧的政治信仰。百余位同学在广场中央分别快速摆出"100""党徽""爱心""ECUT"等造型,同学们一起高喊"爱党爱国爱社会主义,做新时代的大学生",并一起合唱《没有共产党就没有新中国》。活动也吸引了路过的师生纷纷驻足,并一起跟唱。

在2021年母亲节来临之际,学院团委将感恩母亲与建党百年相结合,开展了"浓情母亲节,感恩祖国感恩党"活动。活动通过线上线下相结合的方式进行,前期学院团委在公众号线上推文,同学们纷纷留言。在母亲节当天,用气球、彩带及写有同学们感恩母亲、感恩祖国、感恩党的精美书签对校内银杏林进行装扮。现场还设有"母亲山",寓意母爱似高山,并开展了"党史知识趣味竞答""唱支红歌颂党恩"等活动。唯美的银杏林也成了红色教育基地,学校师生参与活动热情高涨,纷纷自发参与到活动当中,并拍照打卡留念,营造了浓厚的校园红色文化氛围,喜迎建党百年。

(三)成效好——范围广、影响大、意义远

为纪念建党一百周年,深化"党史学习教育",落实"我为群众办实事"具体实践,学院团委组织开展了"教育帮扶进社区"常态化志愿服务活动,并在社区进行活动挂牌,和社区对接进行"红色共建"。该项目由学院团委组织大学生担任活动志愿者,进行活动方案设计和每期的活动具体开展等;社区网格党支部负责召集社区中需要帮扶的小学生,提供集中学习辅导场所,进行秩序维护及安全提醒。通过顶层设计和有效分工,活动有效、有序开展。通过每周的支教帮扶,大学生在社区实践中提升了服务社会的意识和能力,也得到了社区居民的一致好评。中国教育在线、抚州全媒体中心等媒体对该活动进行了报道。

志愿服务活动是实践育人的重要载体,也是高校思想政治教育的重要形式。志愿服务对于提高大学生思想道德素质,丰富思想政治教育的形式和内涵,发挥实践育人载体作用具有重要意义,因此要充分结合重大契机,发挥志愿服务活动的育人载体作用。在抚州市营上巷社区的"庆祝建党一百周年"活动当中,学院组织学生参加活动,并担任活动志愿者,让大学生思想道德素质水平在具体的社会实践活动当中得到提升。

通过建党百年这一重大契机,学院不断加强学生党史学习教育,提升学生爱党爱国情怀。通过特色团学活动加强对广大团员青年的教育引导,进行思想引领,让学生在活动中汲取精神力量,丰富了校园文化内涵,进一步坚定大学生理想信念,提升了大学生"红心向党"的政治热情。

四、案例启示

(一) 充分挖掘重大契机中的思想政治教育功能,打造团学活动特色品牌

利用重大契机,加强大学生的思想政治教育,有针对性地开展特色团学活动,有利于形成大学生的思想共鸣,在"大环境""大氛围"中更容易形成"耳濡目染""感同身受"的认同感,让思想政治教育事半功倍。2022年是建团一百周年,也是党的二十大召开之年,在此契机下,学院充分利用团学活动,引导广大青年弘扬并传承"爱国、进步、民主、科学"的五四精神,开展大学生爱国主义教育,提高思想政治教育成效,同时,学院着力将特色团学活动形成品牌,打造独具特色的校园文化精品项目,提升文化内涵,传播优秀文化,提升品牌影响力和活动成效,促进从"点"到"面"、从"线"到"片"的辐射,引领校园文化新风尚。

(二) 加强顶层设计,做到"因事而化,因时而进,因势而新"

高校需加强顶层设计,完善群团组织建设,提高组织工作成效,改善团学工作方式方法,将团学组织打造成高校思想政治教育的重要"助手",充分发挥组织育人功能;将高校群团组织与其他组织紧密结合,相互配合,打好"组合拳",用好"精准牌",共同画好"同心圆";在重大契机背景下针对大学生的思想政治教育中,充分发挥团学组织优势,灵活多样地开展适合大学生心理特点的团学活动,将"填鸭式"教育模式转变为"浸润式"教育模式,做到思想政治教育"润

物细无声"。同时高校可以根据不同的形势,开展有针对性的思想政治教育,创新工作思路,真正意义上让团学活动在大学生思政教育中做到"因事而化,因时而进,因势而新"。

(三)以特色团学活动奏响时代主旋律,以中国精神引领校园文化新风尚

随着西方文化和意识形态的渗透,有些热衷于西方文化的大学生出现了"崇洋媚外"的错误思想意识,缺乏对于国际和国家大势正确的评判,甚至有"外国的都是好的"这样的错误认识。在高校思想政治教育中,就要针对大学生开展"适时""适地"的思想政治教育,进行正面积极的引导,通过良好的校园文化氛围的营造,让学生"沉浸式"地接受正面教育。将国内和国际重大形势作为契机,开展团学活动,让大学生在时代大势中形成正确的价值判断,有利于其树立起正确的世界观、人生观和价值观。对于大学生们的长期且系统的思想政治教育势在必行。通过特色团学活动的开展,可以将国家面临重大事件或重大危机中所展现出来的中国精神,运用于大学生思政教育中,引领高校校园文化新风尚。

作者简介:王小君,东华理工大学抚州师范学院学工办主任;黎军华,东华理工大学水资源与环境工程学院辅导员;郭佳磊,东华理工大学水资源与环境工程学院辅导员。

以"六个举措"为抓手,着力造就高素质学生干部队伍

——大学生自律委员会学生干部培育案例

杨海荣　汪棋琳　熊玉栋

一、案例背景

育才造士,为国之本。习近平总书记在二十大报告中指出,全党要把青年工作作为战略性工作来抓,要建设堪当民族复兴重任的高素质干部队伍,坚持德才兼备、以德为先、五湖四海、任人唯贤,树立选人用人正确导向,选拔忠诚干净担当的高素质专业化干部,选优配强各级领导班子,加强干部斗争精神和斗争本领养成,激励干部敢于担当、积极作为。

江西财经大学学工处牢记为党育人、为国育才的使命担当,贯彻以人为本的教育理念,注重发挥共青团、学生会组织和学生社团的作用,以大学生自律委员会(以下简称"大自委")作为建设高素质学生干部队伍的起点,积极打造了以"选、带、帮、听、放、考"为依托的"六位一体"学生干部培养链,有效破解了学生干部主观能动性不强的问题,全面提高学生干部个人能力及素质,锻造"四有"学生干部队伍,扎实推进各项工作有序化、高效化开展,实现全方位育人与高校学生干部的培养有机融合。

二、案例工作思路

"青年强,则国家强。当代中国青年生逢其时,施展才干的舞台无比广阔,实现梦想的前景无比光明。"习近平总书记在党的二十大报告中指出,要抓好后继有人这个根本大计,健全培养选拔优秀年轻干部常态化工作机制。

江西财经大学学工处坚决贯彻全国、全省教育大会和高校思想政治工作会议精神,近年来针对学生干部队伍建设中存在的学生自身动机不纯、综合能力不高、主观能动性不强以及学生组织培养激励机制不够完善等问题持续深化改

革,按照"建设一支思想素质过硬、学业成绩优异、工作能力突出、敢于突破创新、甘于担当奉献的高素质学生干部队伍"的要求,大力推进大自委学生干部队伍建设。学工处高度重视学生组织的建设与学生干部的选拔、培养、管理等,通过创新培养机制和方法手段增强学生干部综合能力,完善大自委各项规章制度以推动学生工作规范化,健全大自委工作体系,充分发挥学生干部在加强大学生思想政治教育中的积极作用,教育引导学生筑牢理想信念根基,树立和践行正确价值观,练就过硬本领,发扬担当和斗争精神,"以青春之我、奋斗之我,为民族复兴铺路架桥,为祖国建设添砖加瓦",在新时代新征程上留下无悔的奋斗足迹。

三、实施方法与过程

(一)明确选人用人正确导向,选优配强学干队伍

高效有序的学生干部队伍遴选流程是打造一个团结和谐、配合默契、坚强有力的领导班子的前提和基础。针对目前高校学生干部选拔机制中存在的拉帮结派、恶意拉票、班院校三级"抢"干部等现象,学工处秉持"德才兼备、公平公正、公开透明、注重实绩"的选聘原则,结合选拔制和任命制的优点,组建"老师+学生"选拔小组,严把学生干部选拔环节,确保选拔工作公平、公正、公开。选拔任用机制的完善形成了更为公开透明化、规范系统化的学生干部队伍创建体系,全面提高了学校学生管理工作的效率,提升了学生组织的凝聚力、服务力,充分发挥了学生组织在高校育人环节中的桥梁纽带作用。

(二)加强学干本领养成,构建科学教育培训体系

针对以往学干培训中存在的培训内容单一、时间安排随意等问题,学工处不断学习、借鉴高校学干培训理论方法,结合大自委学干培训工作实际,组建"学工之星培训营",构建"大自委骨干教育培训体系",通过"线上理论+线下实践+在岗锻炼+科研创新"等培训方式,构建理论课程、动手实操、实践训练、课题培养、美育熏陶五大培训类别,紧跟时事热点,选取提炼近百门专题培训课程,以期通过培训提升学干思想道德修养,增强学干本领,为学校学生培育工作添砖加瓦。

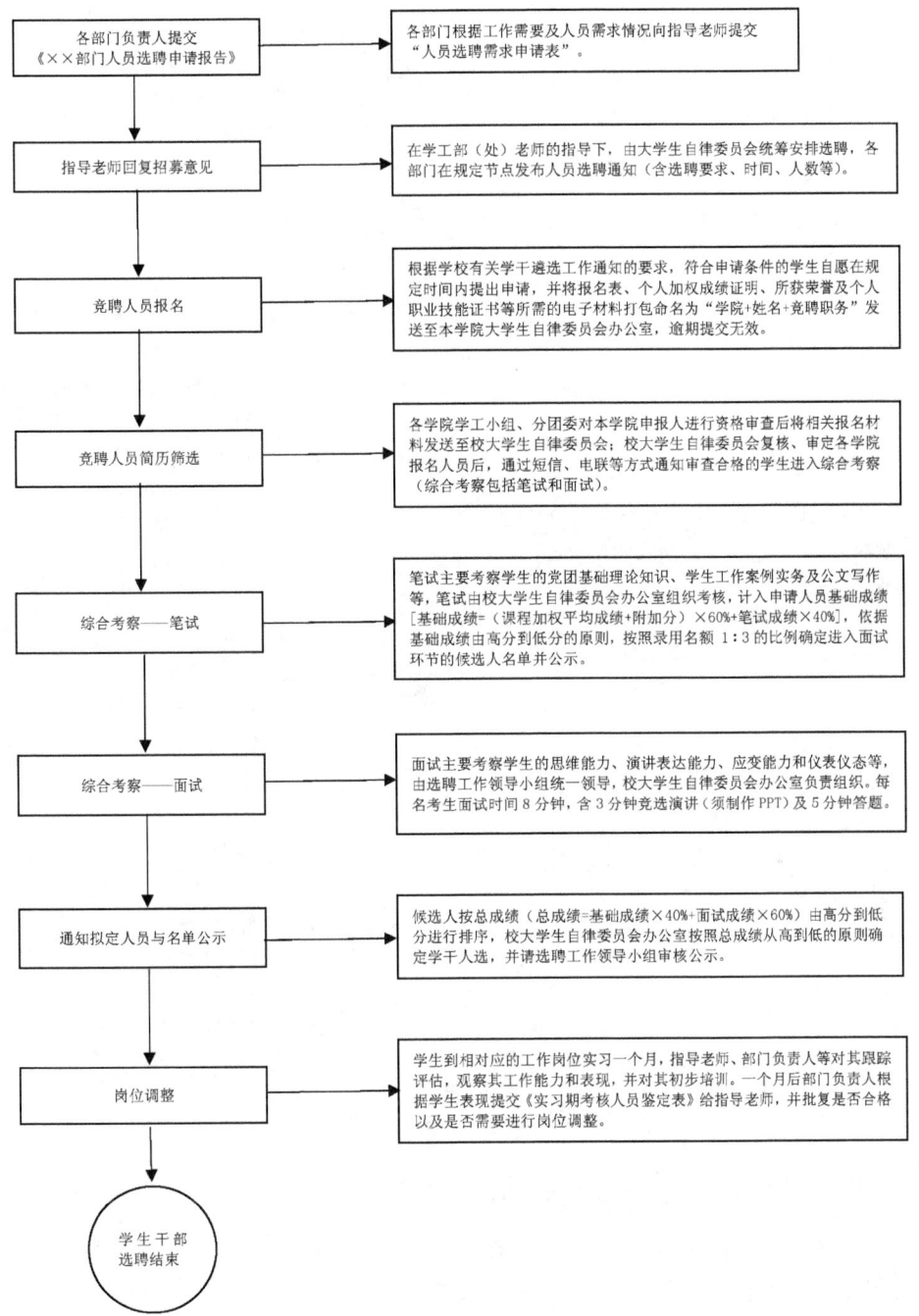

图10 学干遴选流程

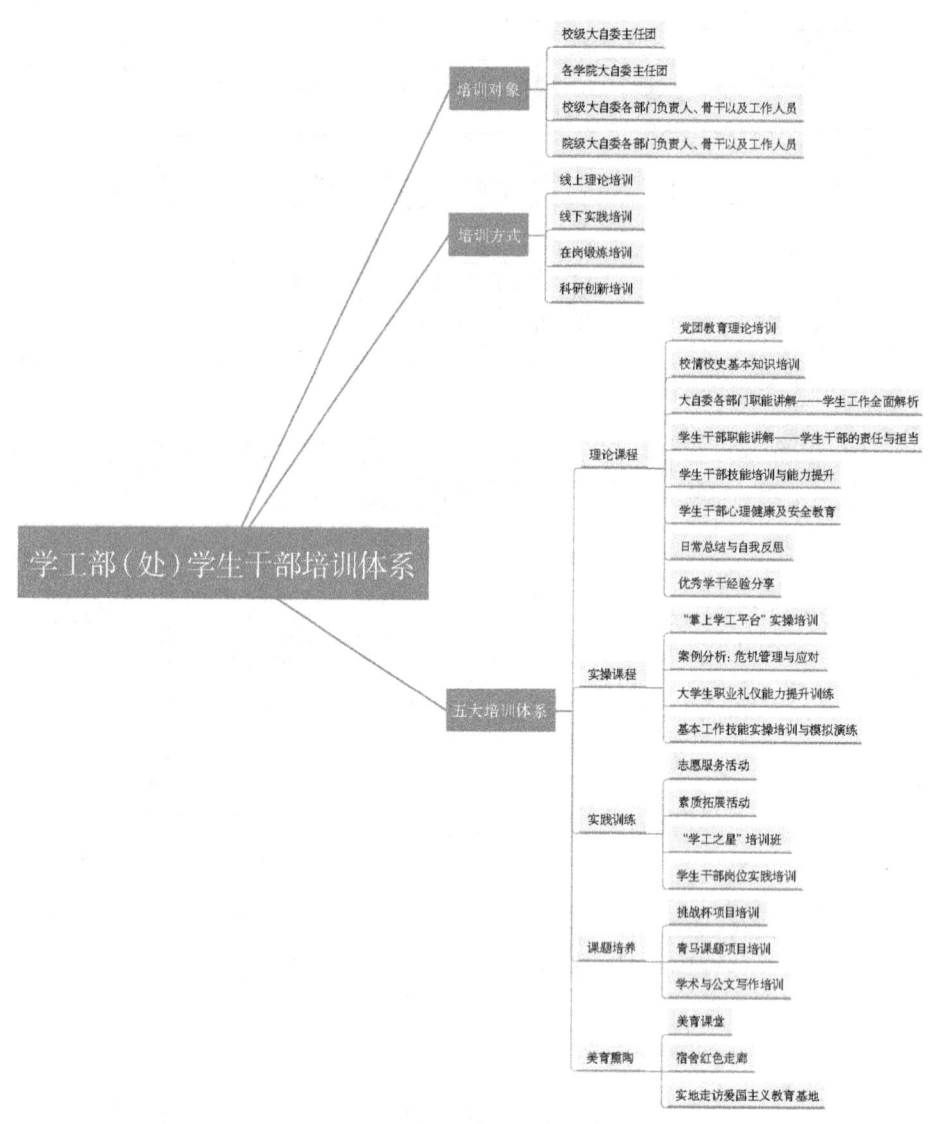

图11 学工部(处)学生干部培训体系

(三)帮扶学干规范开展工作,打造掌上学工平台

为解决学生组织存在的活力不足、工作效率不高、管理不规范等问题,学工处抓牢抓实大自委工作,不断深入探究、扩展、细化各项工作,将材料整理汇编成册,打造了《江西财经大学大学生自律委员会制度汇编手册》,并搭建"掌上学工平台",为大自委工作的开展提供制度支撑、全面指导和共享平台,有效提高工作效率,统筹学校学生管理工作的开展。手册依照相关文件精神并结合我校实际,有效总结归纳了大自委的工作职责、具体工作的开展要求与内涵等。手册划分为委员会章程、会员管理条例、工作计划与总结等共11个方面,同时充分借助互联网平台,以二维码形式附上各项工作操作视频,使手册内容更加精练,排版更加整洁,便于学生干部快速掌握操作方式。

针对传统学生管理工作中存在的流程复杂、逐级审批时间长、纸质材料不易保存等问题,学工处利用现代化电子计算机技术,搭建"江西财经大学学生综合管理服务平台"(见图12),改变以往烦琐的线下审批、数据整理模式,将学生管理工作向线上转移,把各项重点工作与信息化改革相结合,使得宿舍管理、勤工助学等各项工作的开展实现数据化记录。手册的整理汇编与办公平台的搭建切实引导与加强了大自委学生干部队伍建设,充分调动了学干队伍的积极性、主动性、创造性,显著规范了学生组织工作的开展与进行,有效推进了学校学生组织规范化建设与管理。

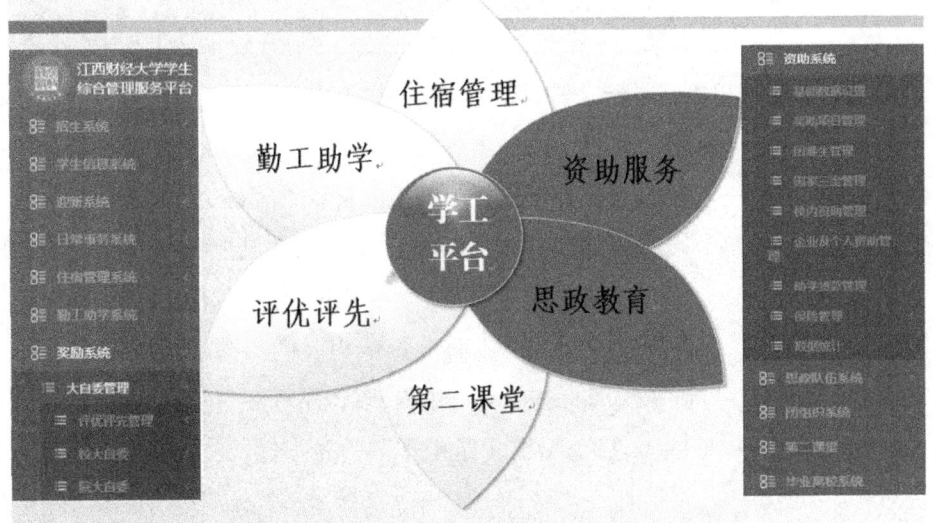

图12　江西财经大学学生综合管理服务平台

(四)细心察觉学干动态变化,开展饮茶谈心之会

为解决学干之间的思想交流和感情沟通不够,部分学干对工作内容认识模糊,反映心声、反映问题的渠道单一,辅导员对学干所思所盼了解不够等问题,

江西财经大学学工处老师遵循"以生为本"的原则,将思想政治教育、心理学、教育学、高校资助等融入谈心谈话中,聚焦当前学生骨干学习工作的实际情况,打造"饮茶谈心,倾听心声,解决问题"系列活动,并对谈心内容、交流方式等持续打磨,做到"贴近学生实际,持续跟踪跟进",有效落实谈心谈话结果,加强学干队伍思想政治建设,畅通诉求渠道,掌握学干近况动态,促使干部努力学习、勤奋工作、正确履职、健康成长。

表1 "饮茶谈心,倾听心声,解决问题"系列活动

活动主题	活动方式	活动内容
心理情绪	追踪回访式	设身处地地了解学生的所思所想,理解学生的困境和困难,具体问题具体分析,帮助学生缓解负面情绪,提出合理有效的意见并定期、持续做好追踪回访,引导学生正视心理问题,尽快化解大问题、消除小问题,积极地面对生活考验。
恋爱情绪	个案沟通式	以保护学生隐私为前提,结合学生性格特点,从个人阅历或生活境遇等方面"螺旋上升式"展开对话内容,引导学生正确处理恋爱与学业的关系,理性看待失恋,与学生分享人生感悟和人生体会,逐步疏导学生负面情绪。
人际关系	谈心谈话式	与学生谈心为主,谈话为辅,并在恰当时机指出人际交往过程中可能存在的显性或隐性问题,引导学生从善意角度出发以谦虚、友善的态度处理人际关系,逐步改善集体关系,做好学生"心灵教育"的守护者。
亲子关系	家校互通式	通过循序渐进的谈话方式,找准劝导的重点,做好学生情绪疏导,分阶段、分层次同时劝解家长和学生解除心结,引导学生与父母冷静沟通、互换角度了解自身想法,"里应外合"做好学生逆境中的引路人。
生涯发展	小组对话式	辐射式、多维度出发分享身边真实案例、优秀毕业生事迹等,为学生做好个人生涯规划,激发学生主观能动性,激发生涯奋斗意识,使学生愿意主动改变现状,为理想而努力,为梦想付诸行动。

(五)主动放权信任学干工作,推动学生自主管理

自我管理是高校育人过程中的一个重要环节,也是当今社会对人才素质的必然要求。为进一步加强大自委学生骨干队伍的自我管理能力,充分调动学生干部的主观能动性,学工处在严格要求管理学生干部的基础上,实现老师"放权不放眼",指导学生干部结合本校实际情况、学生特长、专业特色以及周边资源等优势,打造出一系列特色鲜明、参与面广、影响力大的品牌活动。指导老师"放权"行为充分尊重了学干的发言权、自主权,赋予了学生骨干足够的空间发挥其自身的创新创造能力,显著增强了学生干部的先进性,充分激发了学生组织活力。

(六)注重学干任职表现考核,健全完善考核激励制度

为加强学生干部管理,促进学生干部队伍建设,切实提高学生干部素质和工作能力,为全校同学起到模范带头作用,学工处结合我校学生工作实际情况,从"德、能、勤、绩"四个维度,构建了以激励为导向的360度考核体系,激励学生干部敢于担当、积极作为。同时,为进一步激发学生干部的工作热情,挖掘其工

作潜力,强化其工作实效,学工处深层次融合学生干部的需求、任职动机与工作目标等元素,制定"多渠道、多方式、全方位"的激励机制,如定期召开表彰大会、学代会,定制聘书等,强化对学生干部的引导,展现学生干部培养与管理的积极作用。

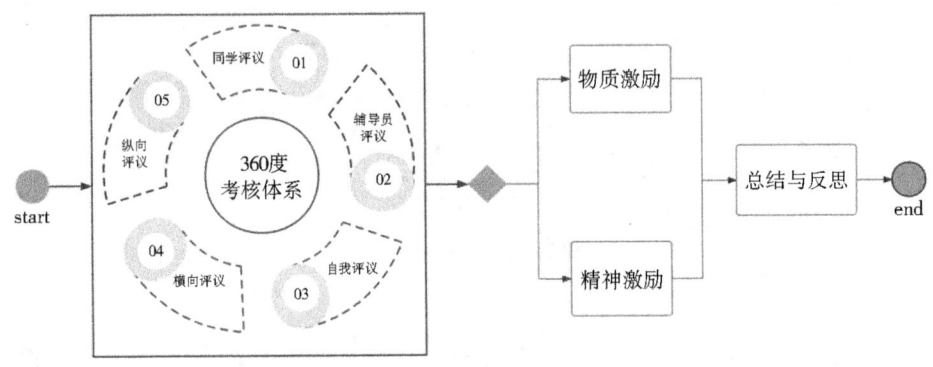

图 13　360 度考核体系

四、案例成效

(一)"选拔任用"与"考核激励"相结合,规范学生队伍建设,打造过硬干部队伍

"德才兼备、公平公正、公开透明、注重实绩"的选聘原则与"同学评议、辅导员评议、自我评议、横向评议、纵向评议"的 360 度全方位考核激励体系的结合应用,实现了高校学生干部队伍建设工作的系统化、条理化、规范化、透明化,充分推进了"校大自委—院大自委—楼长—层长—寝室长—学生"六级联动,强化了学干队伍的建设管理工作,调动了基层团干在学习工作中的积极性、主动性、创造性,转变了部分学生队伍软弱涣散的情况。

(二)"学干培训"与"饮茶谈心"相结合,助推学干能力提升,助力学生成长成才

"教育培训体系"将五大培训类别融入四类培训方式,多样化提升各级团干的综合能力,夯实学生干部开展系列工作的基础;"饮茶谈心,倾听心声,解决问题"系列活动围绕"以生为本"原则,多渠道、多方式、全方位开展谈心活动,充分将学生队伍建设与学生思想教育引领相融合,学生干部素质明显增强,学生干

部作风明显转变,各级学生干部连续多年荣获全省优秀共青团员、中国国际"互联网+"大学生创新创业大赛国家级奖项等。

(三)"学工平台""制度汇编"与"自主管理"相结合,规范工作开展流程,激活学干创新动力

线上"江西财经大学学生综合管理服务平台"与线下"江西财经大学大学生自律委员会制度汇编"的结合应用,借助网络平台的搭建实现信息共享,理清了大自委工作开展方式,明确了各项工作流程;"放权学干自主管理"切实引导了各级学干规范性、创新性地积极主动开展各类活动,促进各级学生队伍工作效率的提升和管理水平的提高。新长城江西财经大学自强社荣获中国乡村发展基金会(原中国扶贫基金会)"向善而行共建美好"善行100公益活动"杰出贡献社团"荣誉称号。

习近平总书记在党的二十大报告中提出:"全党同志务必不忘初心、牢记使命,务必谦虚谨慎、艰苦奋斗,务必敢于斗争、善于斗争,坚定历史自信,增强历史主动,谱写新时代中国特色社会主义更加绚丽的华章。"未来江西财经大学学工处还将持续加强高校学生干部队伍建设工作,紧跟新时代新形势下的工作要求,认真践行二十大报告中提出的"三个务必",强化学生队伍培育特色创建,争取打造一系列特色育人项目,推动大学生思想政治教育,教育引导学生坚定理想信念,锤炼过硬作风,提升综合素质。

作者简介:杨海荣,江西财经大学学工处学生管理科科长;汪棋琳,江西财经大学大学生自律委员会负责人;熊玉栋,江西财经大学大学生自律委员会负责人。

"疫"起运动　律动青春　在体育锻炼中迎来春暖花开

周海燕　周珏

一、案例概况

江西财经大学工商管理学院认真贯彻落实习近平总书记关于疫情防控工作的重要讲话和指示批示精神，从严从紧抓细抓实校园封控管理期间各项工作，积极搭建交流互助平台，整合各类资源，满足个性化需求，全方位加强学生思想引导和心理建设，确保学院师生身心健康和校园安全稳定。2022年4月至5月，学院通过"小程序+微信群+微信公众号"的效果集成，依托"一站式"学生社区的建设阵地，搭建起"学院—班级—宿舍"三级体育锻炼打卡群，开展为期6周的"'疫'起运动　律动青春"体育锻炼打卡8项系列班团活动，线上线下相结合打造暖"心"工程，帮助学生调适身心、提升心理韧性，覆盖学生1000余人次。活动不仅获得了全院师生的一致好评与肯定，还受到江西青年网、中国大学生在线等校内外媒体的宣传报道。

二、案例思路

学院依托"一站式"学生社区的建设阵地和"学校—学院—辅导员—班级—学生"五级心理育人体系，在疫情期间开展"运动打卡"，利用新媒体放大日常生活场景中的细节，使之成为一件对个人具有重要意义的仪式感事件。学院开展体育运动科普讲座提高师生对健康运动的认知水平，召开体育运动主题班会拓展健康运动思路形式，通过创作体育运动作品提升健康运动固化能力，开展体育锻炼打卡竞赛将运动体验贯穿疫情防控全过程，使"'疫'起运动　律动青春"主题班团活动具有丰富的文化载体和有力的活动依托，帮助学生调适情绪、缓解焦虑，增强战胜疫情的信心勇气，坚决打赢与病毒斗争的"阻击战"，打赢与负面情绪斗争的"防御战"，进一步拓展思政工作的深度和广度。

三、案例实施

（一）搭建体育锻炼工作小组，提升从体育到心理育人水平

体育锻炼打卡每一项运动都配备了辅导员作为指导老师，邀请到体育学院师生以及学院田径队、篮球队、足球队、羽毛球队等队长参与指导，每一项运动均有1名辅导员、1名专业老师（学生）以及1名学生干部全程参与，使得体育锻炼打卡系列活动成为健康体育教育的一线课堂，成为心理育人水平提升的重要渠道。

（二）探索创新"四位一体"模式，明确从体育到心理育人路径

1. 体育锻炼打卡之"土壤"——树立健康第一理念。学院高度重视以体育人工作，不断强化"健康第一"理念，邀请体育学院师生开展体育运动科普讲座，召开线上主题班会，因时因地制宜，设立8项学生体育运动，举办跑步、篮球、足球、呼啦圈、羽毛球、跳大绳、健身操、趣味沙包等比赛，开展"5公里创高悦跑"，引导学生走出宿舍、走下操场，将"健康第一"的生活理念转化为良好的行为习惯。

2. 体育锻炼打卡之"树干"——培育体育运动能力。依据各项体育运动的特色，通过问卷调查确定锻炼运动项目，着重培育学生"自学""自炼""自调""自控"运动能力，探索"健康意识+体育运动理论知识+体能发展+专项运动技能"的锻炼模式，为参与锻炼打卡同学提供基本的体育项目指导。"自学"：学生在宿舍学习有关体育知识和方法，结合环境和自身条件，制定锻炼计划和方法，室友之间互相督促，养成良好的锻炼习惯。"自炼"：通过"体育锻炼打卡"养成健康的生活方式，塑造向上的自我形象，使体育锻炼成为日常生活、学习中不可缺少的一部分。"自调"：根据自己的身体条件、健康水平，掌握和合理安排运动负荷、运动强度及运动的时间，并能进行自我调节。"自控"：在身体锻炼效果自我评价基础上不断修正并实施锻炼计划。体育运动能力的提升，既激励了学生参与运动的积极性，又使学生增强了体质，更达到了立德树人的目的。

3. 体育锻炼打卡之"枝叶"——践行体育育人力量。分层分级差别化设计各个项目打卡难易程度，在保证覆盖尽可能多学生的基础上，挖掘大数据对锻炼打卡的激励功能，以"天、周、月"作为统计节点，将锻炼人数、平均锻炼时长、主要活跃的打卡点等统计指标推送到各个运动项目的打卡群,评选出周、月运动达人等,学生参与率达92%。运动打卡促进了学生的群体认同,舒缓了学生在封闭管理期间的紧张情绪。

4.体育锻炼打卡之"果实"——凝练健康运动成果。通过固化"四位一体"从体育到心理的育人工作体系成果,结合大数据、学院工作特色形成相关活动品牌。如开展"趣味沙包 抛走烦恼""寻找运动达人""刘耕宏男孩女孩:今天你运动了吗""疫情不'抑'Anti-emo活动"等特色活动;展示照片、视频、海报、IP活动创意方案等体育文化创意作品,以体育智,以体育心,使学生在其中享受乐趣、增强体质、健全人格、锤炼意志。

四、案例成效

(一)构筑起特殊的"强体魄,抗疫情"青春风景线

学院开展体育锻炼打卡的班团活动,鼓励学生走下网络、走出寝室、走向操场,养成体育锻炼的习惯,切实增强学生体质,促进大学生身体素质有效提升,鼓励学生成长为具有"强健体魄、健全人格、社会责任、家国情怀"的时代新人。通过打卡数据比对分析,学生运动热情稳定,心理素质提升,抑郁指数下降,并且进一步提高了参与志愿服务、承担社会责任的积极性。在疫情防控志愿服务中,工商青年学生抗疫先锋队独立承担了麦庐北区核酸检测任务的全部志愿服务工作,400余名本科生、研究生参与了25轮全员核酸检测和16次抽检的志愿服务工作,累计志愿服务时长达5000个小时。

(二)营造集体运动氛围,树立起良好的校风学风

"体育一道,配德育与智育,而德智皆寄于体。无体是无德智也。"体育运动是缓解学生焦虑情绪、促进学生心理健康的重要渠道。体育锻炼打卡等活动,有效地避免了学生过度沉迷网络,促进健康生活习惯的养成,实现时间的有效利用,使心理健康教育主体多样了,教育内容鲜活了,教育模式先进了,教育载体丰厚了。通过参与锻炼打卡、发布创意作品等方式,集体运动氛围更加浓郁,师生通过运动体验、打卡排名来树立良好校风学风,初步形成了"周周有活动、月月有比赛、人人来参与"的体育运动新风尚。

五、案例亮点

（一）发布运动菜单，激发运动"潮"创意

工作小组根据学生需求，升级打卡规则，分级设置，每日发布"运动菜单"，让学生随时随地参与运动。打卡分为线上和线下两种模式，学生可以根据个性需求选择参与2项以上活动，达到一定要求即可参与"盲盒"兑换，随机获得小礼品等奖励。运动带来健康的生活理念、积极的人生态度、拼搏的奋斗精神、多元的体育价值观，积极引导着学生对人生的认知和行为。

（二）鼓励全民参与，同心抗疫"潮"服务

参与学生积极加入各班的体育打卡群，了解每日的"运动菜单"、体育打卡的等级和难度，分析自身需求和情况，选择适合自己的打卡等级。相关工作人员认真审核，保证活动的公平，活动采用班级自查、年级抽查的方式进行成果检验，以保证活动的顺利开展。年级将根据打卡成果选取部分学生随机抽取"盲盒"进行奖励。工作小组在抗疫期间的贴心服务，得到各个班级同学的认可和支持。

（三）跨屏线上交流，隔空互动"潮"形式

班级组织锻炼打卡活动分散在微信群、QQ群和各类锻炼App中，约1000名学生参与活动。在各个社群，学生干部会组团带动大家"云"自习打卡，倾吐心声，分享"黑暗料理"秘籍，交流居家健身技巧，及时活跃社群气氛，扫除不良情绪。

用锻炼打卡打造社交"心"平台，用体育运动赋能健康"心"动力，工商管理学院将充分发挥"大思政"优势，全力调动"三全育人"力量，以创意"潮运动"为出发点，号召学生在体育锻炼活动中强精神、健体魄，加强学生思想引导和心理建设，共同守护学生身心健康，筑牢疫情防控"心"战线。

作者简介：周海燕，江西财经大学工商管理学院党委副书记；周珏，江西财经大学工商管理学院心理辅导员。

高校班主任班级管理的工作路径探究

殷微微

一、案例背景

班级是大学生的基本组织形式,是大学生自我教育、自我管理、自我服务的主要组织载体。班级管理是班主任与学生的互动过程,班主任通过组织丰富多彩的主题班会等活动,发挥团结学生、组织学生、教育学生的职能。班主任作为大学生思想政治教育的骨干力量之一,在学生的思想、学习、生活等方面指导学生,是大学生健康成长的指导者和引路人。班主任应积极了解学生的现状及需要,探索班级管理的新路径。

二、案例思路

(一)知己——作为班级管理的主导者,班主任需要了解自己的业务内容

1. 思想政治素质和道德品质。班主任要积极引导班级开展政治理论学习主题班会,认真学习习近平新时代中国特色社会主义思想等理论知识,积极引导学生践行社会主义核心价值观,弘扬主旋律。

2. 班级组织建设和班风建设。班主任要将班级(团支部)学生干部配备齐全,定期召开和参加班会;制定班规,建设优良班风,使同学关系融洽;保证班级、寝室卫生干净整洁,无脏乱差现象;班级活动有创新。

3. 班级学风建设。班主任要引导学生树立优良学风,教育学生端正学习态度,改进学习方法,提高学习效率;及时了解学生课堂学习情况,做好后进生帮扶,营造良好学习氛围。

4. 学生安全教育。班主任要开展安全教育,提升学生防骗意识;深入学生寝室,及时发现安全隐患;准确把握学生动向,对学生请假、离校、实习、外出情况及时备案,及时应对并有序处理学生安全问题和突发事件。

5. 学生身心健康。班主任要关心学生学习生活和身心健康,引导学生正确面对困难和挫折,认真做好成绩预警及学生心理健康排查工作;要做好学费减免、困难补助等工作。

6. 评优评先工作。班主任要在奖助学金评定等评优评先工作中做到公平公正公开;在学生干部选拔、学生入党等方面,发扬民主、科学决策。

7. 就业指导工作。班主任要积极开展职业生涯规划及就业指导,引导学生树立正确的就业观和择业,帮助学生提升职业素养,提高就业能力。

(二)知彼——学生是构成班级的主体,班主任需了解班级成员群体的特征

1. "00后"成长的时代背景:现在的大学生以"00后"为主,"00后"指的是2000年至2009年出生的中国年轻一代,他们生于互联网时代,眼界更开放,兴趣爱好更广泛,思想观念更为多元与兼容。大多数"00后"出生在我国计划生育政策较为紧缩的时期,以独生子女为主,从小拥有的物质更加丰富,较为自我,更关注个人感受。

2. "00后"所面临的问题:2021年,中国青年报·中青校媒面向全国大学生开展了关于"社交恐惧"的问卷调查,共回收来自255所高校的4854份有效问卷。调查结果显示,80.22%受访大学生表示自己存在轻微"社恐";6.90%受访大学生表示自己有比较严重的"社恐";0.64%受访大学生表示自己有严重的"社恐",被医学上确诊为社交恐惧症。

3. 具体班级具体分析:以笔者所带班级为例,出生在城市里的学生以独生子女为多,从小集家人宠爱于一身;出生于农村的学生多有兄弟姐妹,大多数家长外出务工,家庭生活较拮据。笔者曾在本学院做过IAS交往焦虑量表问卷调查,在参与问卷的96个学生中,44.79%的同学有轻重不等的社交焦虑,在这类有社交焦虑的同学中,44.8%的同学有轻重不等的抑郁情绪。在疫情大背景下,学校封闭管理过程中,班主任应更关注此类有社交焦虑的同学动态。成长于互联网时代的"00后"们的确热衷于各类新媒体平台,他们获取信息的渠道更加丰富,更易于接受新兴事物,同时也可能会被一些来自不准确的信息渠道的信息影响个人判断,甚至影响个人情绪。

三、案例实施

群体心理不是个体心理的简单相加。群体行为是各种相互作用的影响力的一种复杂结合,这些力的作用不仅影响群体的结构,也影响个人的行为。这种影响力既可能是正向的、积极的,也可能是反向的、消极的。因此,通过搭建班集体这个平台为同学们建立良好关系、打造正向积极的影响力尤为重要。

(一)把握黄金时间段,打造班级集体意识

笔者认为打造班级凝聚力最好的时间就是新生入学的时期。这个阶段,来自五湖四海的同学们主要面临的问题就是离开家乡,需要适应全新的校园环境、学习内容、社交关系、寝室生活,还包括饮食、气候等,由于对专业的不了解,甚至对专业不感兴趣,导致他们对未来感到迷茫。

1.与青年同行,做青年之友。班主任要以平等的姿态与学生沟通交流,了解学生的困难与需求,建立良师益友的师生关系,赢得学生的信任,让遇到困难的学生愿意第一个找班主任老师诉说并寻求帮助。班主任需要行以躬亲,定期开展班会和系列团辅活动,在轻松和愉快的氛围中帮助同学们尽快互相认识、互相熟络起来,为班级营造相亲、相爱、相聚的氛围。

2.制定班规,心治与法治结合。班主任可以根据学生报名意愿以民主的方式进行班干选举。班主任可以对学生干部团队放权,培养学生的自我管理能力,但不能彻底放手让班干处理所有工作,班主任对学生干部有监管和教育的职责。班主任要向同学们介绍校纪校规,并根据学院评优评先政策、综合测评、第二课堂活动以及班级现状等方面制定班规及评选细则。在推优入党、评优评先、综合测评等比较重要的评选活动中,班主任需要提前过问报名情况,了解评选流程并亲自到场,公平、公开、公正地主持评选,以免后期学生之间产生矛盾或被学生质疑评选的公平性。被班集体认可的班规可以让班级活动顺利、有序地开展。

3.以爱的语言及行动,营造和谐班级氛围。班主任老师应实时关心学生的学习生活状态。爱的语言即关心的话语,关心可以体现在学生的衣食住行等任意一件小事中。爱的行动就是班集体生活中的仪式感。以笔者所带班级为例,

天气转凉的时候,可以在班级群里提醒同学们注意保暖;给同学们分享一些学习资料、学习平台等。有一次笔者在班级群里分享了一篇《如何剪指甲才能避免甲沟炎》的推文,立马得到了同学们的共鸣,群里一下热闹了起来。去年冬至的时候,笔者带着学生在食堂包饺子,整个活动过程增进了师生之间、同窗之间的情感,同时也传承了中国传统节日文化。

(二)及时协调学生的人际交往问题和宿舍矛盾

颜世富主编的《管理心理学》一书中写到,哈佛大学心理学家梅奥曾提出的"人际关系理论"认为:人在交往中总是寻求心理满足的,企业绩效高低取决于员工的士气,而士气决定于工人在工作和生活中的人际关系。

笔者将该理论引申到班级管理中,笔者认为,学生在宿舍、校园及班集体中的人际关系,会直接影响到班级的凝聚力,而松散的班集体会影响学生的积极性以及学生在学习和工作中的效率。

笔者所带班级曾有一案例,班上的团支书和她同宿舍的同学有矛盾。这位团支书在宿舍及班集体中都非常有领导力和号召力,但她总是将宿舍矛盾向其他同学倾诉,很快,宿舍矛盾上升为班级矛盾,整个班级排斥一个同学。寝室氛围有时会影响到班级氛围,影响到班级凝聚力。当个体的行为习惯、作息时间等与寝室的其他同学不能达成一致,就容易产生宿舍矛盾。笔者曾见过因长期宿舍矛盾未解决而导致某一同学发生躯体化障碍症状的案例,因此及时解决宿舍矛盾十分重要。班主任作为第三方,能更顺利地介入宿舍矛盾的协调中,可以让有矛盾的同学诉说自己的想法,根据双方的建议达成一致,拟定寝室公约并严格执行。班主任需定期询问寝室情况,如经过一段时间,寝室矛盾仍然没有好转,可以为有矛盾的同学申请更换宿舍。

在日常学习生活中,同学们也会因为一些意见的分歧或者突发事件,与同学发生冲突或产生其他人际交往问题。这时候班主任老师需要了解事情的具体经过,引导当事人对自己错误的认知、行为进行更正,学会解决问题而不是扩大矛盾,并教会同学们彼此宽容对待、良性沟通,以化解同学间的矛盾。

(三)关注特殊学生群体,及时提供帮助

班主任老师应关注班里的特殊学生群体——贫困生,有身体疾病、心理疾病者,家庭遭遇突发事件或自己遭遇重大事件的学生等。班主任老师要了解每个同学的家庭情况,为贫困家庭的学生申请助学金、勤工助学岗位;为家庭发生自然灾害、家人患有重大疾病的同学发起捐款或申请临时困难补贴;关注有身体疾病、心理疾病的同学相关动态,了解和关心学生是否按时吃药,能否参加剧烈活动等;向家长了解学生情况,家校联动,共同携手给予特殊群体相应的关怀和帮助。

四、案例亮点

笔者以个人所带班级为例,介绍一些举办效果较好的特色活动:

(一)"给自己的一封信"之制定学期计划活动

在每个学期伊始,提醒每个同学制定自己的学期计划,可以是学习计划、技能考证计划,也可以是运动计划、兴趣养成计划等等。同学以书面的形式给自己写一封信,统一交给班主任保管。学期末的班会上,班主任让同学们领回各自的信件,以朗读的形式向大家分享,看看同学们是否付出了行动,完成了多少目标。这个活动可以帮助同学们思考未来,为自己的大学生活进行规划,在班级分享中,让同学们看到彼此之间的差距,形成良性竞争,避免同学们在迷茫中虚度光阴,让大学生活更有意思、更有意义。

(二)定期开展读书报告会

在班会的时候可以让同学们轮流以"PPT+演讲"的形式进行读书分享,培养良好的学风。一方面,阅读是一种获得信息、锤炼思维、认识世界的过程。通过阅读可以让同学们求真探索,制定合适自己的阅读目标,学以致用;通过持之以恒的阅读,可以培养同学不畏困难的学习态度;通过阅读丰富多样的书籍,可以培养同学们包容并蓄的广大心胸。另一方面,同学们长期站在讲台上进行演讲锻炼,可以克服演讲紧张的心理,增强同学们从阅读输入到语言输出的能力,提高同学们制作PPT的水平,提升同学们的自信心。

(三)鼓励同学们参与志愿服务活动

心中有理想,脚下有力量。只有在内心丰盈的状态下才会给予他人帮助,同时给予他人帮助也能让自己内心更温暖、更充满力量。因此鼓励同学们积极参与志愿服务活动,这不仅能让同学们在泥土的芬芳中增长才干,勇于发现问题,培养解决问题的能力,还能让同学们内心向阳,以更积极的心态面对困难和未来。

四年的班主任工作任重而道远,需要以爱心温暖学生,用细心关注学生,用耐心帮助学生,用责任心教育学生。班主任应时常思考工作的方式方法,创新特色活动的开展,切实做到对学生用心、用情、用理,相信如此定能建设出积极进取、乐观向上、团结有爱的班集体。

作者简介:殷微微,江西财经大学人文学院团委书记。

本科延期毕业生的班级管理工作研究

廖勇勇

一、案例简介

2019年10月12日,教育部发布《教育部关于深化本科教育教学改革 全面提高人才培养质量的意见》,指出要提升高校学业挑战度,严把考试毕业出口,严格教育教学管理,明确要严肃考试纪律,坚决取消毕业前补考等"清考"行为。

"清考限令"颁布以来,本科延期毕业生数量在不少高校呈上升态势。面对新时代、新使命、新思想、新征程对我国高等教育事业提出的更高标准和更严要求,一段时间内本科延期毕业生数量的增多成为必然,本科延期毕业生管理、教育及服务越来越得到社会、学校、家庭的关注。

二、案例定性分析

此案例反映的是如何加强和改进延期毕业生的管理问题。

三、问题关键点

延期毕业生来自各个专业各个班级,同时,因少数延期毕业生不能在一年内顺利毕业,导致这个群体存在不同年级不同专业不同班级不同性格特征的同学,这给管理带来了较大难度。

(一)管理归属问题

延期毕业生是由原班主任管理还是由新的管理人员接手?由原班主任继续管理有较好的感情基础,双方情况相对熟悉。但高校的班主任大多是兼职的业务老师,不一定持续带班,往往带完一届后都会将精力投入教学科研,导致班主任工作的中断,他们对延期毕业生的精力投入也不再像带班时专注和持久。随着延期毕业生的增多,各年级、各班级的延期毕业生比较分散,由原班主任管理容易造成管理成本的提升和效率的降低。由新的管理人员接手,师生的情感认同需要较长时间的磨合。管理人员需有较高的责任心去服务好学生,有较强的控制力和艺术性去管理好学生。

(二)学生管理问题

延期毕业生的学业遗留大多存在两种情况:一是仅有少数难啃的硬骨头课程,二是仍有较多的遗留课程。一些高校对延期毕业生的住宿安排做了规定。如有的高校明确,未修满学分未达12分的,原则上不予办理住校手续,这导致部分延期毕业生在校外住宿。同时,少数课程不多的同学这个阶段已经找好了工作单位或已经开始实际上的工作了。延期毕业生住宿的分散、监督的缺失、自制力的缺位、半工半读的状态对学校学生管理提出了较高的要求。

(三)学业管理问题

这一阶段学生在学业上需要的是查漏补缺。学生的课程已不再有科学性、规范性的配备特征,加上高校一些课程是按照学期来设置的,导致学生课程安排往往不平衡、不充分。如果学生自己没有良好的规划,家长和老师没有较好的督促指导,学生学习的态度和学习效果将会大打折扣。不少延期毕业生在这个阶段一个星期可能只有几节课,如果对当前和未来没有清醒的规划,延期毕业生的时间成本将大大提高。

四、解决思路和实施办法

延期毕业生不只是中国高校的"特产"。国外高校也存在延期毕业生。在德国,不能在预定时间内完成学业的学生,将要交纳一定数额的罚款,如超过预定时间20%的,将处以每学期350英镑的经济惩罚。国内高校的学制一般为3—6年,在此期间,只要没有触及学校其他管理制度的底线,学生都有权利继续完成学业。按照学分制的收费办法,学生在延期阶段不再缴纳学费,仅需根据实际住宿情况缴纳住宿的费用。随着严进严出制度的推进,本科延期毕业生的班级管理成为当下学生管理的重要组成部分,也成为各高校研究的重要课题。

(一)形成上下高度重视的工作理念

毋庸置疑,延期毕业生仍是高校的学生,更应是高校应该重点关注的对象。延期毕业生是高校人才培养过程中的必然产物,延期毕业生的培养质量和学生管理水平,同样反映了一个学校的教学管理水平,同时也是一所高校社会担当作为的具体体现。各高校要与时俱进,敢于直面问题,勇于解决问题,要把延期毕业生的管理提到重要日程,与非延期毕业生的管理相提并重,不可偏废。要积极有效开展对延期毕业生完成学业的探索和研究,下更大的力气建立一整套适合延期毕业生的培养体制机制,掌握其规律,帮助延期毕业生顺利完成学业。学校各职能部门、各二级学院在学生信息数据对接、管理和培养的各个环节,应当把延期毕业生一并考虑,统筹规划,不应把他们遗漏,甚至在一些具体问题的安排上,更要谨慎对待,个别处理。

(二)建立家校共育共管的协作机制

和其他学生相比,延期毕业生更应密切家校间的沟通。首先,在学生延期时,校方就应一对一地切实通知家长。这项工作可由原班主任进行沟通,告知家长延期的注意事项,提醒家长须协同做好督促教育。延期阶段,校方应即时跟进延期毕业生每个学期的学业进展并及时反馈家长,建立延期毕业生工作台账,对于完成了的课程,要及时核销。任课老师应对延期毕业生倍加关怀,课堂上主动关注他们的听课反应,课堂提问、课后作业等环节不应遗忘延期毕业生,而应向他们倾斜,鼓励他们融入集体中。

(三)打造专业敬业的管理团队

延期毕业生以集中管理为宜。学院应成立专门的工作组,指定专人对接延期毕业生统一管理。负责该项工作的人员应有较强的权威性、较好的专业素养、较高的沟通技巧、较丰富的团学工作经验。从管理的周全性考虑,由学院分管学生工作的副书记直接负责较为合适。负责的老师要建立一个专门的延期毕业生班级,与延期毕业生至少一年见一次面,与家长联系一次。工作群组应包括党团、教学口老师,建立良好的沟通机制。同时,在延期毕业生中指派专人作为联络员,加入学院各年级班长支书工作通知群,并要求全体延期毕业生加入当年毕业生的大群,方便信息及时准确对接。

(四)树立健康平安的学业目标

基于延期毕业生可能出现的心理健康问题,专职负责的老师应下大力气深入了解延期毕业生的学习、生活困难和心理状况,与学生建立良好的沟通,解决其实际难题,端正其学风,减轻其思想负担。对于已有心理问题的同学,专职负责的老师要倍加小心,给予其更多的关心,与学生开展一对一的帮扶,与学生形成亦师亦友的关系,一方面要严格管理,加强监督,另一方面,要春风化雨,积极开展谈心谈话,主动融入其内心世界。对于心理问题不严重的同学,专职负责的老师要督促其及时主动进行心理咨询和治疗,坚持按时服用药物,帮助其规划好时间,多加鼓励和正向引导,争取在最短的时间内完成学业。对于心理问题较为严重的同学,要不断帮助其和家长树立、强化"身心健康比学业更为重要"的理念,以便消除安全隐患,让这部分学生平安平稳落地。

(五)建立卓有成效的管理办法

学生毕业当年未达到学校毕业条件,但是符合结业条件者,可申请结业,由学校颁发结业证书,并办理离校手续。结业后学生在最高学习年限内,可继续完成学业。若达到毕业要求、学士学位授予条件,可申请换发毕业证书、学位证书。

对于想继续完成学业的结业生,有两种选择:一是达到一定学分的,这部分结业生可申请免修,直接参加学期末的考试;二是未达到一定学分的,这部分结业生须申请留级在校学习,学习期间,需要按照年度收费标准缴纳学费。这一方面是给延期生以压力,另一方面,也是新形势下维持教育管理的正常需要。

对于申请留级并在校学习的同学,须严格按照学籍管理办法进行管理。

五、经验与启示

1. 延期毕业生的管理与正常毕业生的管理有相同点,也有不同点,要因材施教。延期毕业生学习的主观、客观环境都发生了变化,不能不管,也不能全管。比如,对于部分半工半读的学生以及挂科较少的同学,就可以不强制要求其必须到校完成学业。

2. 要高度重视延期毕业生的心理问题。由于身边人员出现个体危机状况而受到影响,因平时挂科较多、论文多次修改、找工作多次受挫、网络成瘾、考研失败、处分不能及时解除、家庭经济困难、恋爱纠葛以及因春季诱发的抑郁症、躁狂症、双向情感障碍、精神分裂症等心理问题都是延期人群中存在的典型心理问题,需要高度重视。

作者简介: 廖勇勇,江西财经大学国际经贸学院党委书记。

经院·经味·精班
——江西财经大学经济学院班会育人体系的实践工作案例

远翠平

一、案例背景与介绍

班会是高校思想政治教育的重要途径,是培养学生综合素质的主要阵地。高质量的班会,对学生的成长成才,形成正确世界观、价值观和人生观有着不可替代的作用。江西财经大学非常重视班会的育人价值与作用,将班会纳入育人体系建设,积极推进班会课程化建设。经济学院党委在校党委、学工处的领导下,与时俱进,坚持贴近实际、贴近生活、贴近学生的原则,结合美国戴明博士从质量管理中提炼的"PDCA"这一科学的工作程序,加强对班会的计划、执行、检查、提高四个环节的逻辑梳理和顶层设计,积极推进班会一体化育人体系建设,推出了"经院·经味·精班"班会育人体系建设方案,针对不同专业、不同年级的学生,以明确的班会主题热点或关注点作为思想政治教育的切入点,关注现实又引领未来,有效地抓住学生"痛点",在"润物细无声"的班会中强化思想引领和"正确政治方向"的价值引领。

二、案例实施思路

(一)将 PDCA 闭环管理模式植入班会管理

学院按照 Plan(计划)—Do(执行)—Check(检查)—Act(提高)这一周而复始的循环路径,通过班会这个平台,加强对班会的指导、监督、检查,构建可操作性强的大学生班会 PDCA 闭环模式,以提高班会育人的成效,使班会在规定时间、按照规定要求、通过规定动作更好地发挥第二课堂的育人作用。

(二)坚持静态预设与动态生成相结合

学院结合学生实际,根据不同时期学生成长发展面对的问题,预设固定动作静态部分,科学设定好班会主题,挖掘主题班会价值,梳理班会板块。同时在每学期的实际操作中,各班可根据实际情况,在班主任老师的指导下,自主选择班会主题,形成动态自选部分,通过动静结合、规定动作与自选动作的结合,构建起多维度主题班会基本架构。

(三)坚持以"生"为本,注重全员参与

班会一体化育人体系注重全员参与班会设计,寓教于行,丰富了班会形式和内涵,改变了传统的班会由班主任主导的讲授方式、灌输方式,同时发挥学生的主动性和创造性,由学生轮流负责班会的策划、组织、实施、主持、总结、宣传等工作,学生在一次班会中锻炼了多方面能力。班会一体化育人体系搭建了学生成长锻炼的平台,促进了学生的全面发展,发挥了主题班会的集体功能,能够促进个体在集体中行为矫正和潜能激发。

三、案例实施过程

(一)P:全过程育人,强化顶层设计

学院高度重视班会的实施和开展,结合学生特点和学院实际制定了《经济学院进一步规范学生班会的指导意见》,对班会召开的时间、参加人员、班会形式、班会内容进行了明确,引导班级把每次班会开成"精品",开出"经味"。学院围绕思政教育整体设计,从大学生三自教育、理想信念教育、爱国荣校教育、传统文化教育、文明礼貌教育、养成教育、安全教育、法制教育、心理健康教育、毕业教育、职业生涯规划和就业创业指导等方面进行班会选题。班会选题要坚持既紧贴学生需要,保证活动具有针对性、需求性、引领性,又举旗定向,强化思想引领,提升政治敏感度,发挥教育的鞭策作用。每个年级在每学年、对应时间节点分阶段开展主题班会,使班会既有深度、广度,又有热度、温度,既紧贴时代发展,又靠近学生本身,既起到思想政治教育的作用,又不使学生感到枯燥乏味,从而树立科学的人生观,形成良好的思想政治品德。

班会时间和地点:原则上每周至少召开一次,具体时间以学校教务处安排为准,特殊情况各班可根据实际情况自定,班会时长不少于90分钟。班会以线下为主,教室为学校教务处统一安排,必要时可在户外(校园内)进行。特殊情况班会可以采用线上形式进行。

班会形式和主题:班会的形式包括观看视频、演讲辩论、读书分享、知识竞

答、情景模拟等。每学期开学初,学院统一发放班会主题,每次班会前一周再次通知做好班会准备,同学们精心准备,在规定周次完成班会召开。

班会参加人员:班会参加人员为班主任和班级全体同学,低年级要求助理班主任和下班党员参加。学院出台了《经济学院班会检查制度》,学生组织政治理论研究会将检查班主任和学生班会到会率和班会召开情况,每周进行公布。

班会双主持人:为了让学生有更多展示自我的机会,班会实行双主持人,一是班长或支书作为固定主持人,在每次班会上传达学校、学院有关工作要求;二是轮值主持人,由寝室、团小组、活动项目组同学担任,并负责本次班会策划、执行、总结、宣传等工作。

校院领导体验日:校党委高度重视大学生思想政治教育开展情况,推出领导干部体验日活动,校、院领导每学期会对自己联系的班级进行1—2次的指导,全程参与班会、观摩班会,对班会的开展给出及时有效的指导。

(二)D:课程化执行,打造"经味"班会

学院积极把"课程思政"融入班会,通过班会主题上的课程化、过程化、规范化进一步提升班会的育人实效。学院将班会课程化设计,将班会作为一门课程制度化和规范化设计。每学期,学院组织辅导员、班主任对班会主题进行研究,将主题班会教育纳入教学安排,以"进课表"的形式出现,有固定的召开时间和固定的教室。同时学院对班会的课程内容有所要求,每位班主任要在每学年初制订好所带班级本学期的十次及以上主题班会教育计划,即"10+X"的模式,其中10次预先确定主题(可在主题班会大纲中选取),X为结合本学期班级具体情况自选设定主题。每位班主任根据本专业班级学生特点选定不同的模块及子目录为每次班会教育的主要内容,经过三至四年的学习积累,完成一个大学生在校成长的系统主题班会教育周期。

(三)C:多梯队指导检查,夯实育人专业性

学院重视班会召开的效果,建立多梯队的指导队伍。辅导员和班主任共同作为指导老师,指导各班级班会的开展。学生党支部开展党对接班级制度,党员走进班级进行指导,从班会策划、组织、制作PPT到撰写新闻稿和班会记录等开展一系列的指导工作,通过此种方式,搭建了党建带团建的工作平台。同时,大学生组织政治理论研究部作为班会检查的组织机构,按照《经济学院班会考

核办法》每周对各班班会召开情况进行检查、考核,每周评选出优秀主题班会,记录考核得分,并把班会的考核得分将纳入今后优秀班级评选的评分指标。

(四)A:复盘改进提升,提升育人针对性

学院积极促进"班会育人体系"良性发展,保证其成效,对班会的开展情况进行总结、评估与完善。在班会课结束后,学院对班会课的效果进行认真的总结,找出不理想的地方,进行适当的改进,并融入激励机制,评选出优秀班会。每学期末,学院将各年级班会召开情况进行总结复盘,通过考核结果进行分析,找出优势和不足,及时发现主题班会运行过程中产生的问题,制定改进措施,在下一个学期开始新一轮的实践。由于循环不是在同一水平上循环,而是每循环一次就解决一部分问题、取得一部分成果,因此班会召开水平将会不断提高。同时学院通过建搭平台来保障"班会育人体系"的长足发展。一是搭建学习交流平台,学院每学年定期举办特色班会的经验交流会、现场观摩会和研讨会等,为辅导员、班主任、班干部提高班会水平搭建平台;二是搭建激励平台,定期开展评优树模活动,每学年表彰一批班会教学能手、优秀班会组织和策划者、优秀班会策划方案等项目的先进单位和个人,评比出"特色班会精品项目"和先进班级及个人,保证了班会精品化、规范化、标准化。

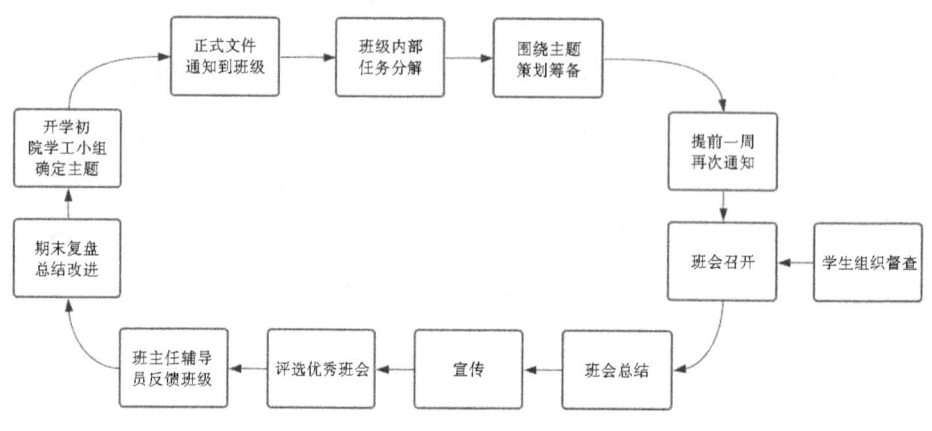

图 14 班会育人体系闭环管理模式

四、案例成效

(一)强化理想信念教育,打好思政底色

进一步贯彻落实立德树人根本任务。始终坚守为党育人,为国育才的初心

和使命,为党和国家培养更多经世济民的高素质人才,发挥政治经济学专业、经济史专业、国民经济管理专业学生的学科优势,讲好中国共产党为什么"能"、马克思主义为什么"行"、中国特色社会主义为什么"好",筑牢思政底色。

(二)培根铸魂,传承红色基因

传承红色基因,弘扬井冈山精神铸魂育人。以马列主义为指导,用红色文化筑牢意识形态主阵地,依托江西红土地资源优势,挖掘班会课程德育元素,传承红色基因,唱响时代主旋律,将新时代的爱国主义精神、雷锋精神、劳动精神等融入课程建设、融入课堂教学,开展相关主题党日团日活动,大力宣传弘扬优秀青年,树立青年典型,引领教育青年。

(三)五育并举,拓展班会育人平台

坚持德智体美劳五育并举,培育时代新人。注重鼓励学生在学习专业知识之余,注重因地制宜,发挥学科研究优势,最大限度创设条件激活学生的创造活力,落实第二课堂成绩单,打造万企调查,强化青马工程,推动西部支教,建立实习实训基地,建立实践成果数据库,将学生培养成品德高尚、专业过硬、体魄强健、审美高雅、热爱劳动的新时代好青年。

(四)实践固本,加强课内和课外的联动

班会结合第一课堂,将学生所学专业理论与课外实践精准对接,将学生成长成才培养与专业学习有效衔接。班会可多设计一些可实际操作的实践活动,将学科竞赛、志愿服务、实习实训等活动中融入班会,创办形式多样的"行走课堂",积极拓展第二课堂育人功能,着力加大实践育人力度、效果,有效提升学生创新活力。

(五)聚力提能,建强思政队伍主力军

在"经院·经味·精班"班会一体化运行中,充分挖掘了辅导员、班主任、学生党员等群体的育人作用,在育人主体上实现从"单"向"全"的扩充,同时促进"本硕博联动",发挥研究生朋辈榜样带动作用,为本科生的成才成长树立样板,形成思政工作合力。

作者简介:远翠平,江西财经大学经济管理学院党委副书记。

如何营造良好的班级氛围,降低班级的转专业率

周海燕　魏峥

一、案例综述

优秀班集体不仅可以加强对学生的思想引领和价值塑造,而且能够促进班级形成优良学风以及特色文化。优秀班集体不是一朝一夕形成的,离不开教师的辛勤培育和同学们的共同努力。

工商管理学院大部分同学经调剂就读于本专业,对专业兴趣不够浓厚,对未来发展较迷茫,入学后个人职业生涯规划不尽相同,对于班级集体活动的积极性和热情较低,班级整体凝聚力涣散。部分同学缺乏集体荣誉感,各行其是,不配合班委的工作,班级日常事务几乎全部依赖班长与团支书处理,集体活动较难组织开展,严重削弱班级的凝聚力,一般第一学期结束后班级成绩会出现严重的两极分化,部分学业优异的同学会萌生转专业的念头。

二、案例思路

此案例是典型的因班级同学专业兴趣不浓厚、学业目标不明确、生涯规划不清晰导致的学业两极分化、班级凝聚力不强的综合案例,属于"党团和班级建设"工作板块范畴,同时也涉及对班集体思想教育、价值引领、学风建设以及职业生涯规划不够深入等问题。

问题关键点:

1. 如何培养专业志趣,即培养班级同学对所学专业的志趣,帮助同学们提高对所学专业的热爱和兴趣,落实立德树人根本任务,培养具有"信、敏、廉、毅"素质的创业型、创新型工商管理类人才;

2. 如何培育优良学风,即针对班级目前学业两极分化的现状制定学风建设方案,发挥"领头雁"榜样引领作用,带领"掉队、停飞"的学困生"齐飞",促进同学们互帮互助;

3. 如何做好生涯规划，即引导班级同学从自我认知、专业适配、生涯规划三个方面科学规划大学生活，确定未来四年正确的发展方向和目标，重拾信心，勇敢前行；

4. 如何强化班级建设，即打破班级同学对集体活动和班团荣誉漠不关心的现状，提升班级凝聚力，培育个体主人翁意识，打造积极向上、和谐团结的先进班集体。

三、案例实施

1. 培养专业志趣，激发学习兴趣。班主任要在开学之初，向学生介绍专业的历史、发展、现状和前景等方面的知识，让学生了解该专业的重要性和意义。这些知识可以帮助学生更好地了解该专业的内涵和外延，从而更好地把握该专业的学习方向和目标。具体来说，班主任可以从专业历史、学科体系、理论体系、实践应用等方面详细介绍本专业，帮助学生更好地认识该专业，并激发他们对该专业的兴趣和热爱。同时，班主任还可以引导学生树立正确的人生观、价值观和世界观，培养具有"信、敏、廉、毅"素质的创业型、创新型工商管理类人才。

2. 彰显榜样力量，培育优良学风。针对新生班级学业两极分化的现状，班主任可以采用以下策略，培育班级优良的学风，激发学生的学习兴趣和积极性。一是完善学风建设机制。班主任可以制定明确的学习目标和计划，加强课堂考勤和作业批改，及时约谈旷课、挂科的同学，营造良好的学习氛围。二是提供有效的学习方法。班主任可以向学生介绍一些有效的学习方法和技巧，如撰写阅读笔记、绘制思维导图、制定复习计划等，让学生掌握科学的学习方法和技能。三是邀请优秀学长学姐分享经验。班主任可以邀请学习成绩优异或各个学科竞赛获奖的学长学姐来分享学习经验，激发同学们的求知欲和探究精神。四是开展小组合作学习。班主任可以组织小组合作学习活动，让学生在小组中相互协作、相互帮助，从而提高大家的团队协作能力和综合素质。五是开设"学霸分享会"。班主任可以选聘班级中学业成绩优异的同学开设"学霸分享会"，分享各科学习经验、课程笔记，实行榜样一帮一，从源头上降低挂科率。六是注重心理健康教育。班主任要注重学生心理健康教育，关注每个学生的心理健康状况,并及时开展心理辅导和疏导工作,帮助每个学生保持良好的心态和情绪。通过这些措施,班主任可以培育班级优良的学风,激发同学们的求知欲和探究精神,提高大家的综合素质和竞争力。

3.做好生涯规划,明确努力方向。教师通过讲解专业前景、开展考研就业指导,细化从踏入校门到进入职场的各个环节,帮助学生尽早树立目标。班主任可以与学生进行一对一谈话交流,了解学生为什么转专业,之后想从事哪一方面的工作,帮助学生树立正确的职业观念和目标。班主任可以为学生提供一些关于职业规划、就业前景、行业趋势等方面的指导和建议,帮助学生更好地了解自己的职业发展方向和目标。班主任可以针对盲目、跟风转专业的同学进行劝导,让他们了解自己的兴趣和特长,从而更好地选择适合自己的专业和职业发展方向。通过以上措施,班主任可以帮助学生树立正确的职业观念和目标,规划自己的职业发展方向,减少盲目性和随意性。

4.强化班级建设,营造和谐班风。班级建设中最主要的是要营造班级的氛围,如果一个班级的氛围良好,班级同学就不想离开这个集体,也就不会产生转专业的想法。为了强化班级建设,营造和谐班风,班主任可以采取以下措施:一是给予学生关爱和支持,在学习和生活中帮助他们解决问题和困难,增强学生对集体的认同感和归属感,班主任也要多参加班级活动,与学生进行互动交流,给予班级同学温暖和关爱,增强班级凝聚力和向心力;二是带头营造良好的班级氛围,多让班级同学参加集体活动,如文艺演出、运动会、志愿服务等,增强班级凝聚力和集体荣誉感;三是鼓励班级同学竞选学生干部,学生干部作为老师和同学间沟通的桥梁,自身素质能力可以得到锻炼,也能带动班级形成积极向上的氛围,他们产生于班集体自身,又反作用于班级每一名成员;四是建立健全班级制度,如课堂纪律、考勤制度、奖惩机制等,让学生养成良好的行为习惯和规范。通过以上措施,班主任可以营造和谐的班级氛围,增强班级凝聚力和向心力,帮助学生树立正确的人生观、价值观和世界观。

四、案例成效

案例班级大部分同学通过调剂就读于本专业,专业思想不稳定,对专业认识不到位、对专业认可度低、对未来发展比较迷茫。该班班主任为激发学生对专业的兴趣,更好了解专业发展前景,一方面邀请学院本专业老师对专业进行解读,加强学生对专业的感性认识和理性认识;另一方面在班会期间邀请往届优秀学长学姐回母校分享优秀的成长经验,增进同学们对保研、考研、考公、就业等方面的了解,帮助学生养成心怀天下的理想抱负和锐意进取的创新意识。此外,班主任还积极参加班级集体活动,营造良好的班级氛围,和学生一对一聊天,解答学生的疑惑,解决学生的困难。班主任通过这些行动,让学生感受到了班级的温暖和关爱,增强了班级凝聚力和向心力。

同时,班级统一制定的规章制度可以帮助学生养成良好的行为习惯和规范,增强学生的纪律意识和责任感,组织开展的足球赛、篮球赛、集体志愿活动等,也进一步增加了班级的凝聚力和向心力。这些活动不仅可以让学生锻炼身体、放松心情,还可以增强学生的团队协作能力和综合素质。

案例班级成功营造了良好的班级氛围,让学生感受到了集体的温暖和关爱,其转专业率为同年级最低。

五、案例启示

1. 营造集体文化,健全规章制度。应充分发挥班集体的文化浸润功能,营造追求卓越的班集体文化氛围,通过喜闻乐见、内涵丰富、形式多样的班集体文化建设活动,在潜移默化中实现以文化人。此外,切实可行的制度规范也是班集体建设的必要前提,班集体建设要以制度促规范、以细节促提升,通过制度规范强化学生的行为底线意识,引导学生志存高远、积极向上,同时也让班集体的每项工作有章可循、有规可依,确保班集体建设落地生根、开花结果。

2. 以党建带团建,以团建促班建。班级建设要从思想引领一体化、组织建设标准化、班级活动规范化三方面共同切入。长期以来,党支部、团支部、班级未能协同运行、联合发力,导致班级活动开展出现时间零散、内容重复、形式单一、效果参差等问题,因此要加强党团组织在班级建设中的作用,推动党团班育人工作融会贯通,提高班集体的向心力和战斗力,促进"大思政"格局下不同群体思想政治教育的融会贯通,为"三全育人"提供实施途径。

3. 着力重点培养,实现星火燎原。班集体应根据学生个人发展的需求与特点,着力发挥教师、朋辈以及学生党员等群体的协同作用,整合学习资源,提升学生的学习能力，促使他们掌握学习方法、激发学习兴趣。同时也要切实发挥"领头雁"的带头作用，强化榜样引领作用，让"同伴小导师"成长为班级同学的思想引路人、学业监督人、生活贴心人，真正达到以学生管理学生，以学生服务学生，以学生引导学生，实现星火燎原、共同成长的目的。

作者简介：周海燕，江西财经大学工商管理学院党委副书记；魏峥，江西财经大学保卫处科员。

因势而为,加强高校班级凝聚力建设
——以第二学位班级为对象

李 暄

一、案例简介

学校自 2020 年开始招收第二学位学生。与普通全日制本科学生相比,第二学位学生有着流动性大,学习目标不够明确,自我管理、自主活动性强,在校时间相对较短,综合能力和综合素质相对较低等特点。鉴于以上特点,第二学位班级在集体管理,特别是集体凝聚力的培养上与普通全日制本科班级相比有较大区别。本案例在定性分析的基础上,针对第二学位班级特点,结合管理中的实例,力求在增强第二学位班级凝聚力方面提供有益借鉴。同时,其中的一些管理方法和措施也可用于普通全日制本科班级的管理和班级凝聚力的形成。

二、案例定性分析

本案例反映的是第二学位班级这一特殊集体的管理与提升问题。截至目前,学院已招收三届第二学位学生,并有一届学生已经毕业。由于第二学位学生具有特异性,故案例反映的问题和经验具有针对性,具备一定借鉴意义。同时,第二学位学生作为在校大学生的一部分,他们当中存在的一些共性问题也是大学生班级管理和思想政治教育的共性问题。

三、问题关键点

1. 如何在较短时间内建立师生之间的信任和生生之间的亲密感,进而确立班级集体意识。

2. 如何根据第二学位班级学生特点,在做好日常班级管理的同时,不断提升并巩固集体意识。

3. 如何应对第二学位班级学生退学,个别学生学习、参与活动消极等现象对班级建设带来的负面影响。

4.如何在毕业季更好地凝聚班级学生,使其积极面对求职、考研、考公等一系列问题。

四、解决思路和实施办法

(一)主动转变观念,建立良好第一印象

第二学位学生与普通全日制本科学生相比较,最大的差别在于已经经历了四年本科教育,对大学的学习、生活及管理模式较为熟悉,在个体的自主性、行动能力方面较普通全日制大一新生更强。同时学生攻读第二学位的主要目的是提高学位含金量,因此对学校的期待更高。作为班主任,应客观看待以上差异,转变过去建立大一新生班级体系的一贯做法。一是主动积极了解。第二学位班级学生人数较少,为短时间完成个别沟通提供了便利条件,班主任可以在第一次班会之前,完成每名学生的第一次一对一沟通,在掌握学生基本信息的同时,建立良好印象,为下一步工作奠定基础。二是适当改变第一次班会内容。第二学位学生在校时间较短,需引导学生尽快明确目标。除介绍学校基本情况外,班会内容应主要聚焦学生自身情况分析和未来规划,同时实事求是、开诚布公也是建立彼此信任的有效途径。

(二)精心选育班委,畅通师生沟通渠道

第二学位班级学生的自我行动能力更强,班委在师生沟通中发挥的作用十分重要。同时,由于第二学位学生已经经历了四年大学生活,对担任班委积极性不高,在班级建设初期是一个较为棘手的问题。鉴于此,考虑到班级规模、选拔难度和后期培养的实际操作,班委人数不宜过多,一般3至4人即可。选拔时最重要的不是看学生干部经历,而是将学习目标明确作为第一要素,即学生清楚知道第二学位获得后对职业生涯发展的实际作用或已有明确规划。以上信息可以在班级学生填写信息表后(该表可自行设计,与学校通用版本不同)初步掌握,并在之后的一对一谈话时加以确定。班委选定后,可着重培养沟通协调能力,特别帮助其熟悉学院、学校各单位、部门的办事流程,提高其组织、协调、处理班级日常事务的能力,这对迅速建立师生沟通渠道,建立班委威信,凝

结班级力量作用显著。

(三) 积极争取作为,组织开展集体活动

第二学位学生的培养对于辅导员来说是新生事物,同样对于学校和学院来说也存在一定的制度"盲区",关于校内活动、实践实习、留学升学等方面的政策有的不够明确,有的暂未考虑。班主任要时时关注学校和学院相关活动或政策,结合学生需求积极争取参加校园活动,鼓励学生参与各类奖项评选,必要时还可主动组织学生参加集体活动。第二学位学生因为自身原因,往往对校园活动兴趣缺失,对奖项评选信心不足,不加以积极引导和主动争取,班级容易陷入集体无目标的局面,必须加以重视。

(四) 尊重个体差异,通过小组凝聚集体

第二学位班级学生的个体差异性、学习目的性强,不易形成集体目标。对此,可将学生职业生涯目标摸底提前至入校时,按照意愿分为考研、就业、考公三组,并每月开展一次集体谈话,固化目标选择,同时通过班会凝聚班级共识,即通过两年学习,顺利完成就业(升学)。第二学位班级在校学习期间,难免有学生因考研上岸、工作落实等原因退学,班主任可以在学生离开前的班会上组织这些同学谈未来规划和成功经历,减小同学退学和班级规模缩小对学生产生的心理影响,同时以此为例,激励学生完成职业规划目标。

(五) 做到慎终如始,积极重塑就业意识

第二学位学生的就业问题较普通全日制本科生更为复杂,其原因一是学生本人的期望和规划更丰富,二是第二学位在求职时的认可度问题。加之第二学位学生无法延期毕业,多重因素导致第二学位学生在就业季面临的困难更多。与此同时,就业季也是学生毕业前凝聚班级人心的重要时间点,甚至是多年之后学生怀念母校、班级的"记忆点"。要利用好学生毕业前的就业季,做到慎终如始,有意识地重塑学生的就业意识,具体来说:一是要明确剖析就业形势,有针对性地做好消极就业学生的思想工作;二是主动组织学生参与招聘活动;三是个别应对,为就业困难的学生提供便利。除此之外,通过就业前的集体班会,为优秀就业学生送祝福、树立榜样,也是增强班级凝聚力,提升班级就业率的可选路径之一。

五、经验与启示

(一)民主管理方式对第二学位班级更为有效

第二学位学生年龄较大、自主性较强、人员构成不稳定,如采取班主任权威式管理更易激起学生逆反心理。此时,一方面尽量树立班委威信,另一方面采取"有事大家商量"的民主管理模式更易形成集体目标。班主任,特别是年轻班主任与班级学生更宜建立"亦师亦友"的关系。

(二)时时关心、处处留意是凝聚集体的关键

第二学位学生存在"边缘感",消除这种感觉是将班集体凝聚在一起的关键。班主任在日常工作中要做的重要工作就是时时关心、处处留意,尽可能为班级争取参加活动的机会,主动推荐学生参与评奖,多到寝室了解情况,做学生学习生活中的"用心人"。唯有如此,班主任才能赢得班集体的信任,并引导班集体向共同目标努力。

(三)毕业前的针对性指导是增强班级凝聚力的"关口"

与普通全日制学生一样,第二学位学生的最终目标在于"就业"。由于学习经历差异,第二学位学生在就业季往往显得并不积极,但实际上却比普通全日制本科生更急于就业。此时针对性的帮助就显得尤为重要,不止是班级辅导员的帮助,班集体的共同努力,学院、学校的格外重视,都将成为班级毕业前凝聚力形成的重要环节,成为学生日后感恩母校的重要因素。

作者简介:李暄,江西财经大学工商管理学院辅导员。

将就业育人温度化作就业工作力度

张天元　周海燕

一、案例简介

江西财经大学工商管理学院2018级工商管理5班是一个积极上进的班集体。自入学以来直到大四,全班46位同学在学风建设、班风建设、团支部建设、志愿服务、文体活动等各个方面都有比较突出的表现,先后获得了校先进班集体标兵和五四红旗团支部等众多荣誉,又在2022年荣获了全省五四红旗团支部殊荣。大四面对的就业选择,是对整个班级最后的一场考验,有的同学想考研,有的同学想就业,有的想出国,有的想应征入伍,有的想考公务员,有的同学还很茫然……面对决定未来和命运的人生十字路口,四年的沉淀和积累似乎不足以给他们做出选择的勇气和决心。

在江西财经大学,"举全校之力为就业创业工作保驾护航"不是停留在纸上的口号,而是细化为一份份翔实的规划、一项项具体的责任、一件件落实的工作、一个个可以化解的问题。经过一年的努力,最终全班46位同学中17人成功保研考研(其中9人为双一流院校,5人为本校,3人调剂"上岸"),有2人考取公务员,1人征兵入伍并以优异表现被某集团军特种作战部队招录,另有20余人被耐克、百威、京东等企业或银行等国有企业录取,实现高质量就业。

二、案例分析

本案例是典型的就业育人工作案例。班级是学校学院开展就业指导工作的最终落脚点。作为毕业班辅导员应清楚认识到,建立良好的班级风气,营造创先争优的班级氛围是做好就业工作的前提;将职业生涯规划和就业指导工作前置,是做好就业工作的基础;针对个体进行有针对性的就业指导和帮扶,是做好就业工作的重点;抓住就业重点群体,解决就业过程中的特性问题,是做好就业工作的关键。

三、解决思路和实施办法

(一)上好"生涯第一课",以志立人

注重新生"生涯第一课"的内容和仪式感,精心设计规划。选拔优秀高年级学生党员和骨干作为班主任助理,与自己带的高年级班级结对子、共开班会,为新生班级树立学习榜样;通过主题班会从价值观养成、品格养成、行为养成三个方面做好集体约定,形成良好氛围;指导每位同学制定职业发展规划,树立阶段目标,养成规划意识;在转专业、选专业等重大抉择时开设专题讲座或班会,邀请高年级优秀学生或已经毕业的年轻校友分享个人选择经历,实现有效引导;在各类班级活动中鼓励全员争先创优,鼓励每一位同学在各自选定的努力方向或领域持续深入地投入,形成个人优势或特色。

(二)建好"四业"教育体系,以智启人

主动担任班级生涯规划、就业指导、心理健康等课程的教师,多门课程联动,形成有特色、有系统、针对性强的就业思政课程体系。在日常班级工作中,充分利用主题班会时间,根据年级和生涯发展阶段不同,制定不同的学年主题,如大一注重演讲与口才训练,要求每周每个寝室进行主题演讲或话题讨论;大二注重专业与实践,可以分享个人实践收获或者进行好书推荐;大三注重就业与规划,邀请在考研、就业、考公、政策性就业等各方面有突出表现的大四学子进行分享。同时,班主任可以将主题班会作为就业思政教育的延伸补充,一体化推进专业、学业、就业、事业"四业"教育,强化职业发展规划实践指导和全过程服务。

(三)做好"一对一"辅导,以情育人

在大学四年里,班主任应至少与每位同学完成两次深入的"一对一"交流,大一时主要针对初入大学的适应性、规划性进行辅导;大三时主要针对毕业去向规划和就业能力提升进行指导。通过两次谈话,班主任既能摸清楚班级同学的总体意愿和状态,也能发现很多个性的问题;既能关注每一个人发展情况和意愿,也能为针对性开展就业指导打下感情基础和工作基础。

(四)织好帮扶"联动网",以心助人

初入大四,根据学生的选择方向建立就业、考研、考公互助小组,形成良好

的朋辈互助氛围。针对特殊的情况，如征兵入伍、就业能力较差、考研期望过高、不就业、慢就业等进行重点关注，通过持续多次的个体咨询和辅导，家校联动配合，帮助其重新完成自我认知和对外部环境的探索，形成正确合理的就业观念和预期。

四、经验与启示

（一）就业工作要"一条心"推进

就业工作也是育人的思政工作，形成良好的班级风气和氛围，有利于就业工作的推进和开展。要逐步构建起学院主导、全员参与、校企联动的"一条心"工作体系，将就业工作视为培育学生成长成才的重要内容。而面向就业能力较弱的同学，更需"一条心"长期帮扶，班主任可以帮助其修改简历、推荐工作，协助其进行应聘经验总结和反思，使其在顺利入职的同时实现个人价值的提升。

（二）就业指导要"一条线"贯通

新生入学后就需要有计划、分阶段地培养班级整体的职业规划习惯和就业目标导向。通过前期系统就业指导，多数同学就业意向明确，目标预期合理，就业（考研）目标契合实际，即便考研考公失败也会马上进入就业状态，"尼特族"现象较少。

（三）就业帮扶要"一盘棋"联动

就业思想帮扶、渠道帮扶和平台帮扶要多管齐下，实现"学业"与"就业"联动，将助困帮扶融入全程化就业指导和求职能力提升之中。针对重点人群要全面开展联动帮扶，落实"一人一档""一人一师""一人一策"帮扶举措，精准推送3个以上就业岗位，帮助其顺利就业。

作者简介：张天元，江西财经大学工商管理学院学工办主任；周海燕，江西财经大学工商管理学院党委副书记。

从"江财红"到"石榴红"
——江西财经大学深入推进民族团结进步教育的社会实践

谢尔艾力

一、案例背景

习近平总书记强调,要铸牢中华民族共同体意识,牢记汉族离不开少数民族、少数民族离不开汉族、各少数民族之间也相互离不开,在促进民族团结方面把工作做细做实。江西财经大学经济学院牢牢把握铸牢中华民族共同体意识这一主线,以少数民族专职辅导员和少数民族学生工作室为抓手,以社会实践为平台,2021年7月组建"江新比心　让爱助力"志愿服务队赴新疆开展志愿服务活动,从"江财红"到"石榴红",深入开展有深度、有广度、有温度的民族团结进步教育,让中华民族共同体意识在学生内心生根发芽、开花结果。

二、主要做法

(一)上好民族团结课,实现民族认知有深度

为完整准确贯彻新时代党的治疆方略,响应祖国的号召,我们在筹建队伍阶段,选拔了具有中华民族共同体意识和团队奉献精神的成员,共同促进新疆地区的发展。队伍成立后,由本次带队老师谢尔艾力老师主持了首次会议给大家普及当地少数民族的风俗习惯和注意事项。同时,在出征仪式上,学校领导也向队员们提出了殷切的希望,希望队员们在接下来的社会实践中能够切身感悟当今祖国的伟大发展。

(二)实践为本,情感共鸣有广度

1.传承百年奋斗精神。为庆祝中国共产党建党一百周年,展现优秀共产党员风采,展示党在新疆发展建设中的卓越成果,传承和弘扬党的百年奋斗精神,志愿服务队采访了一位党龄为30年的维吾尔族老党员喀迪热·麦麦提依明。

在采访中,老人向志愿服务队队员们介绍了近几十年来新疆的巨大变化,表达了对党在新疆工作中取得的巨大成果的肯定。同时他也介绍自己是由于父亲的原因,于1991年加入中国共产党,希望像父亲一样为新疆的发展奉献自己的力量。

2."为群众办实事"。"到基层去、到西部去、到祖国最需要的地方去。"这是习近平总书记对广大青年的殷切期望,也是当代青年必须要具备的担当与初心。党是人民的党,为人民服务是党的宗旨和原则。7月23日,正值当地农忙时节,志愿服务队走进田野帮助当地村民种植辣椒。同学们主动向他们学习了辣椒种植的相关知识和具体操作,随后队员们分工开始除草、挖坑、栽种、培土。经过同学们与当地村民一天的辛勤劳作,当天的任务顺利完成。

3.主题宣讲——"我是一颗被爱所包裹着的石榴籽"。宣讲活动由带队指导老师谢尔艾力带头,他与乡亲们分享了自己在党和国家政策扶持下在内地求学和任教的经历,大力宣传党和国家的政策。返乡学子凯迪分享自己在学校与来自五湖四海的同学们像家人一样学习、生活、成长的暖心回忆。老师与队员还向村民们介绍了当前党和国家对少数民族的优惠政策,讲解了习近平总书记"七一"重要讲话精神和党的十九大精神,鼓励村里的新疆学子勤奋学习建设新疆,让村里青年树立起"知识改变命运"的教育观念。

4.国旗下宣讲——我来自"红色"江西。志愿服务队于村里开展国旗下爱国主义宣讲活动。宣讲成员廖佩雯以江西抗日烈士方志敏同志的红色故事为主线,介绍江西丰富的红色资源,将方志敏同志勇于奋斗、敢于牺牲、爱党爱国的精神传递给现场的每一个人。党建引领培养人、爱国主义熏陶人,志愿服务队员们让爱国主义教育变得有血有肉,更加生动形象,进一步引导群众爱党爱国爱社会主义,让红色基因、革命精神薪火相传,让爱国主义精神在全社会牢牢扎根。

5."百年党史知多少"答题竞赛。为推动党史学习教育深入群众、深入基层、深入人心,江西财经大学"江新比心　让爱助力"赴疆志愿服务队与新疆喀什地区英吉沙县苏盖提乡尤喀克阿其马艾日克村村委会开展党史答题竞赛活动,检验党史学习教育成果,引导当地群众学习党的光辉历史,传承党的革命精神,发挥党的优良传统,从党史中更好地感悟信仰之力、理想之光、使命之艰、担当之要。

(三)真情筑爱,一家亲体验有温度

1. 做普及国家通用语言的"传播者"。"不会说流利的普通话,如何让外界了解本民族文化?"志愿者在尤喀克阿其马艾日克村开展普及国家通用语言活动。志愿者们带领当地村民开展普通话用语教学,讲述党史故事,宣传民族政策。语言相通是人与人相通的重要环节。语言不通就难以沟通,不沟通就难以达成理解,就难以形成认同,只有书同文、语同音,方能心相通、情相融。普及国家通用语言有利于促进各族人民团结奋斗、繁荣发展,"像石榴籽一样紧紧抱在一起"。

2. 民族团结一家亲。为深入了解新疆的风土人情,进一步弘扬民族团结主旋律,志愿服务队员和当地少数民族同胞携手举办"跟党走 聚民心"联谊会。联谊会上,维吾尔族姑娘们展现了美妙的舞姿,队员们在欢快的旋律中跟着节奏舞动。不同民族同胞们手牵着手,肩搭着肩,会场里充满了欢声笑语,民族团结一家亲的氛围贯穿全程,展现了青年学子良好的精神风貌和多才多艺的艺术修养,引领了广大同胞们"听党话、感党恩、跟党走"。

三、案例成效和启示

为积极响应团中央、团省委、校团委有关大学生开展社会实践活动的号召,践行"请党放心,强国有我"的青春誓言,江西财经大学经济学院组织的"江新比心 让爱助力"赴疆志愿服务队在带队老师的带领下开展了推广国家通用语言、民族政策宣讲、学习民族团结典型案例和民族团结典型人物事迹、田野帮扶等各项活动,通过把"我为群众办实事"实践要求真正落到实处,用心用情为各民族同胞服务。

本次暑期三下乡社会实践活动帮助同学们深刻认识到社会实践的重要性,使同学们通过自己的切身实践,为少数民族地区的人民尽一些绵薄之力,同时有利于学校将社会实践贯穿到应用型人才培养全过程中。

通过本次暑期社会实践活动的开展,同学们更加深入地了解了当地的文化,同时也积攒了丰富的实践经验。当然,在活动过程中也存在一些缺点与不足,我们将认真总结,在以后的工作中扬长避短,进一步引导广大学生在各项活动中经受锻炼、增长才干、提高素质、成才报国。

作者简介:谢尔艾力,江西财经大学经济学院少数民族辅导员。

构建"GROW UP"模块式赏识型学业发展模式，激励学生成长成才

周海燕

一、案例综述

江西财经大学周海燕辅导员名师工作室结合赏识型学业发展理念，基于工商管理学院的学生学业发展实际调研，通过打造系列主题班会，构建了"GROW UP"（Goal 目标确定、Route 路线设计、Operation 操作实施、Willpower 意志增强、Unique Progress 独一无二的发展）模块式赏识型学业发展模式，以各阶段班级为实践案例，探索高校学生学业发展新模式，取得了一定成效。学院班集体、团支部先后获全国五四红旗团委2次、全国活力团支部1次等国家级奖项5项，全省五四红旗团支部3次、活力团支部1次等省级奖励12项，学生就业率、毕业率、及格率、及优率稳步提升，团学工作获得了全体师生的一致好评。

二、案例思路

2021—2022学年周海燕组织工作室成员，挑选了来自工商管理学院4个年级的8个案例班级进行了"GROW UP"模块式赏识型学业发展模式的实践探索。"GROW UP"模块式赏识型学业发展模式（见图15）是指以资源取向发掘学生闪光点，从赞美、认同、肯定的角度，按照目标确定、路线设计、操作实施、意志增强、独一无二的发展这五个模块引导学生优化学业发展，发挥自身潜能，激发学生个性特征，最好程度完成学业目标。

三、案例实施

（一）组建学业发展指导团队

学院组建以辅导员为中心，包含班主任、专业老师、家长在内的指导队伍和以助理班主任、班长、支书等学生干部为主的工作队伍，构建起完善的学业发展

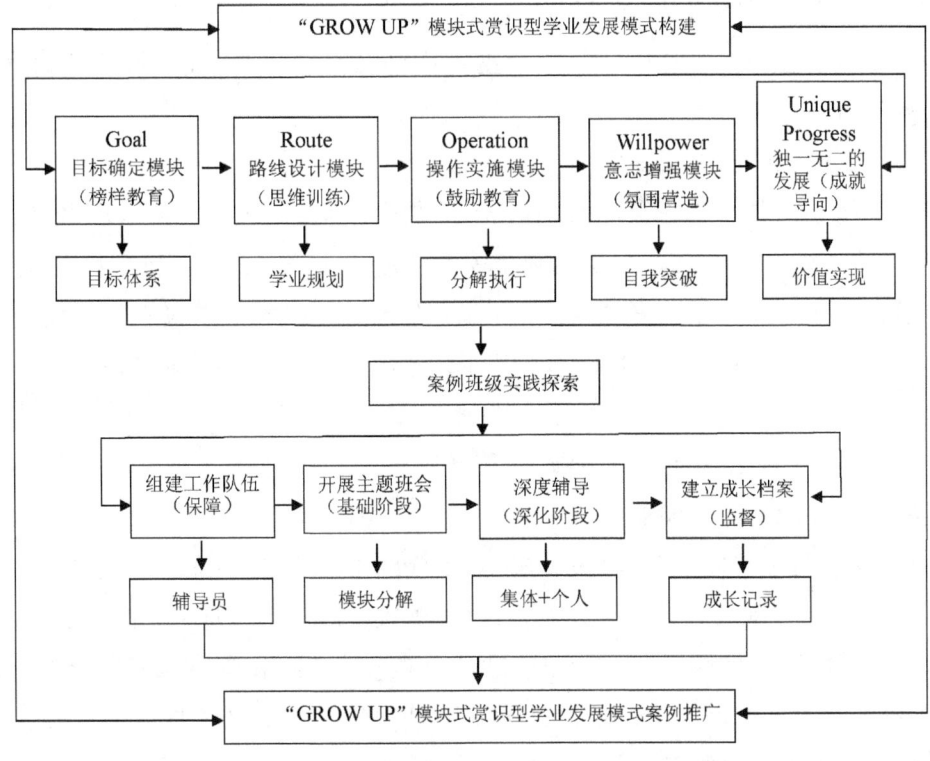

图 15 "GROW UP"模块式赏识型学业发展模式

支持系统。依托辅导员工作室定期组织沙龙和培训,开展典型案例探讨会分析学业指导问题与思路。根据不同年级不同阶段,辅导内容也有不同。2021级新生案例班级学业指导以辅导员、助理班主任为主;2020级面临分专业学习,学业指导以班主任和专业教师为主;2019级面临学业选择,学业指导以辅导员和班主任为主;2018级面临实习实训和毕业论文,学业指导以班主任和论文指导专业老师为主。

(二)召开系列主题班会

班主任组织案例班级开展以"学业发展"为方向的主题鲜明的系列班会。2021级案例班级以新生适应辅导和大学发展方向普及为主,主要实施"目标确立"模块和"路线设计"模块,以辅导员、班主任、助理班主任分享讲授为主,每月开展。2020级、2019级案例班级因学习压力增加,班会活动主题以"操作实施"模块和"意志增强"模块为主,可以采取打卡分享、小组学习主题沙龙等,每两个月开展一次。2018级案例班级因实习实训需要,以"意志增强"模块为主,"独一无二的发展"模块为辅,对就业、职业目标等进行引导,主要在线上根据实际情况开展。

(三)开展学业深度辅导

深度辅导是"GROW UP"模块式学业发展模式推进的主要方式。全面掌握学生的成长经历、个性特点、家庭环境等信息后,了解学生的学业目标和规划,利用课堂教学、实践活动等方式帮助学生科学规划和完善"目标确立"和"路线设计",对于"操作实施"和"意志增强"予以监督、反馈,并在深度辅导和谈心谈话过程中引导学生朝个人价值实现的"独一无二的发展"靠近,不断予以学生鼓励、肯定和支持,给学生信心、温暖和希望。

(四)建立学业发展档案

"GROW UP"模块式学业发展模式注重精细化、过程性,为每位学生建立了纸质的成长档案,分模块记录每位学生的成长轨迹,撰写个人职业生涯规划书。辅导员、专业老师对个人工作应予以记录,如谈心谈话记录、学期点评等个性化材料等;工作小组负责收集基础信息材料,定期对学生成长档案进行整理,力求留下学生成长过程的痕迹,方便学生个人查阅信息。

四、案例成效

通过在案例班级推进"GROW UP"模块式学业发展模式,班级学生学业发展明显提升,学风、班风、院风明显好转,专业任课老师、家长对班级表现满意,学生自我发展规划更为明确清晰。量化考核层面,从每学期学习部发布的成绩统计报告中我们可以看出,案例班级学生学业成绩有跨越式进步,2018级和2019级学生平均加权分从84.59上升到86.89,2020级2个案例班级的学生学业加权排名在年级(共9个班级)前十的有5个。年度评优评先中除2018级毕业班级外,其他案例班级全部荣获校"五四红旗团支部"、校"先进标兵班集体"等。学生个人获奖也较多,各团学组织主要负责人也来自案例班级,国家级、省级各项赛事获得荣誉占比也明显高于其他班级。

五、案例启示

(一)成立院级学业发展指导中心

"GROW UP"模块式学业发展模式需要学院领导、辅导员、班主任、专业老师、学生干部形成工作合力,成立院级学业发展指导中心以提供人力、物力、财力相关保障,同时,需以辅导员为中心来构建 1+N 学业发展指导队伍,增强学业指导的针对性和实效性。

(二)学业发展注重过程性、系统性

"GROW UP"模块式学业发展模式中五个模块一以贯之,需要循序渐进落实,各个模块形成良性闭环,循环往复。每个阶段、每个个体的学业指导包含五个模块形成的闭环,四年大学期间的学业发展又包含每个阶段的闭环进而形成整体闭环。因此,"GROW UP"模块式学业发展模式需要系统性协调推进,形成整体效应。

(三)采取个性化的深度辅导形式

"GROW UP"模块式学业发展模式是一个系统工程,需根据不同阶段不同学生的实际情况开展深度辅导,以更好实现学业发展目标。可以设置专门的谈话室,创造良好的深度辅导谈话环境;采取团体辅导与个体辅导相结合的方式,通过深入宿舍谈心谈话解决共性问题,开展深度辅导解决个性问题等。

(四)营造学业发展班级氛围

协同共进的班级氛围能让"GROW UP"模块式学业发展模式推进的成效大大提升。在学业发展推进过程中,应强调每一个人都是主体,要主动参与学业发展规划各个模块,主动营造共同学习氛围,相互监督,见证成长。

作者简介: 周海燕,江西财经大学工商管理学院党委副书记。

"转"向你，亲近我
——转专业学生的大学生活调整

张艳青

一、案例简介

小江同学（化名）高考失利，填报了我校某专业，服从志愿调剂，最终被录取到我校其他专业。小江同学曾一度想要复读，后了解到大一下学期可以转专业，于是入校后便下定决心转专业，积极准备，课余时间便在图书馆学习，鲜少参与集体活动，最终如愿以偿，转入到心仪专业学习。然而，进入新的班集体后，因为没有军训时期的"生死与共"及大一时期与同学、室友参加各种活动时的紧张、忙碌与充实，她与新班级同学、室友关系并不好，与原来班级的同学也越走越远。加上上一学年在原班级的奖学金评选也在民主评议环节被否决，小江同学情绪越来越低落，逐渐封闭自己，专业课学习也松懈了，偶尔还逃课，拒绝与同学老师沟通，转而在网上找一社会男士倾诉，陷入网恋不可自拔，成绩一落千丈。

二、案例定性分析

此案例反映学生转专业成功后的大学生活调整适应问题，涉及学生学习辅导、宿舍关系处理、职业生涯规划及心理危机干预。

三、问题关键点

1. 如何帮助转专业同学调整适应新的大学生活。
2. 做好职业生涯规划，确立个人发展目标，制定行动计划。
3. 充分发挥自己的潜能，为最终实现目标而努力。

四、解决思路和实施办法

(一)增强专业认同,培养兴趣爱好

初入大学,学生对所学专业并不了解,有的同学通过各种途径了解到该大学×专业是王牌,便执着于自己的选择,努力学习,最终转到自己理想中的专业,然而通过一段时间的学习,他发现自己对该专业并不如想象中感兴趣,这就需要增强专业认同。所在学院通过各种学生学科竞赛、教师教学科研、所获荣誉等数据、文献做好宣传报道;定期邀请专业教师、专家学者、优秀毕业生举办讲座,传授学习经验与方法;观摩如国家奖学金、企业奖学金等优秀学生奖学金擂台赛,让学生找到身边的学习榜样。这样,学生才能获得对新的专业的认同,激发学习兴趣,树立学习目标,为之努力奋斗。

(二)做好职业规划,确立发展目标

对于转专业成功的同学,进入大学之后的近期规划就是努力学习,转到自认为理想的专业。然而转专业成功后,由于种种原因,他们发现原有的规划可能偏离了轨道,这就需要重新规划自己的大学生活。通过重新分析了解自身能力、性格特征,结合自己所学专业,制定一系列计划,安排好课外活动、竞赛、考证与学习的时间及优先级顺序,集中注意力,专注于自己的优势领域,发挥潜能,达成目标。

(三)善于发现学生异常,耐心倾听,做好心理干预

辅导员在日常工作中,必须多关注转专业的同学,善于观察学生的日常表现,通过宿舍室友、班级同学、班干等了解学生的在校情况,发现异常后,及时联系学生,耐心倾听与共情,感受学生在说话中及言语背后真正的情绪和内心感受,并用自己的话反馈给学生,让学生接受你、信任你,并基于这种信任与你交流,引导学生走出虚拟的网恋,回归正常生活。在这个过程中,辅导员要学会第一时间梳理学生学习成绩下降的主要原因,并对症下药,结合前期的科学规划,帮助学生重新找到方向,回归正轨。

(四)定期观察,做好跟踪服务

对于特殊群体学生,辅导员要建立档案,定期跟踪,观察学生的学习、生活、思想状态,对学生学习、生活、心理方面的困难进行交流讨论,并有针对性地解决问题。同时,辅导员可以对照前期制定的职业规划,检查学生的执行情况,适当给以肯定与鼓励,让学生看到自身的优势与长处,按照既定路线不断前进。

五、经验与启示

(一)专业没有好坏之分

每个学校都有社会人所认为的"冷热"专业,但专业其实并无"好坏"之分。学生在转专业时必须沉着考虑,冷静分析,发现自己的兴趣,找准自己的特长,选择适合自己的专业。辅导员在这过程中不能按照主观意愿评价专业的好坏,更不能干涉学生的选择。

(二)给转专业到班级的同学多一点关爱

转专业同学到新的班级后会遇到学业成绩、人际关系、班级融入等方面的问题,辅导员必须主动联系学生,帮助学生做好职业生涯规划,树立正确的价值观和择业观,引导学生适应新的专业和生活环境,培养学生乐观、自信的品格,帮助学生更好地融入新的班级。

作者简介:张艳青,江西财经大学工商管理学院辅导员。

不合理信念视角下大学生寝室矛盾的解决与思考

蒋博斌

一、案例背景

由于学生的成长背景和生活经历各不相同,生活习惯和处事方式都有或大或小的差异,因此寝室矛盾冲突成为大学生在校期间常常面临的人际交往问题。同时,大学生性格和承受力迥异,不合理信念常常引发不同程度的心理问题,为防止心理问题进一步恶化从而诱发不良行为,及时介入干预具有重要意义。

二、案例简介

小丽(化名),女,22 岁,研究生一年级在读,因深夜与室友发生语言冲突,事后哭着给班主任打电话想申请调换宿舍。据了解,入校半年以来因寝室卫生问题小丽多次和室友小红发生争吵,因不堪忍受争吵时小红所使用的过分字眼,小丽多次情绪崩溃痛哭不止。

近期,小丽在宿舍楼道听见小红在隔壁寝室吐槽自己,感到十分生气和难过,但一想到小红是本校保研的学生,性格强势,和大多数同学认识较早、关系更好,感觉很自卑,不敢上前质问,自认为如果发生冲突,其他同学都会向着小红。

此后小丽便不愿再参加班级集体活动,也不敢在班级群里发言聊天,如果班委在班级群里催促她完成班级通知任务,她甚至会认为自己被针对了。小丽觉得寝室氛围压抑、令人不安,课外时间宁愿待在图书馆也不愿早一些回宿舍。小丽变得情绪低落,学习也提不起兴趣和精神,到了要做小组作业和期末考试时就感觉压力变大。她晚上经常失眠,感到孤独和委屈,经常一个人偷偷哭。

据了解,小丽在本科学校就读期间曾与室友和同学相处不愉快,自认为曾受到了孤立和冷暴力,有过校内心理咨询史,服药两年,后因参加心理咨询一事被同学所知,从此抗拒校内心理咨询服务,只信任校外心理咨询机构。

三、案例分析及解决方案

(一)矛盾原因分析

1. 寝室卫生矛盾成为导火索

室友小红认为自己确实对寝室公共区域的卫生要求较为严格,但之前都会耐心提醒,且其他室友都会在提醒一次后多加注意,只有小丽还是会忘记,因此才会对小丽产生不满并导致争吵。小丽则认为引发争吵的寝室卫生问题都是很小的事,为何不能好好说话提醒而非要争吵。从本质上来说,寝室卫生问题其实是个人生活习惯不同的表现,双方对于寝室卫生标准和忍受力的理解不同,从而引发争吵。

2. 双方对争吵用词理解不同

小丽认为在争吵发生时,小红使用的不恰当字眼具有侮辱性,十分伤人,自己从没被人这么说过。小红则认为这些字眼是自己和朋友聊天或打闹时经常使用的,更像是情绪词,并没有严重的侮辱意义。可见,双方在沟通上,对语言上一些字词所表达的含义具有不同理解,一方认为很平常的字词,在另一方看来不能理解甚至感觉到了侮辱,导致争吵从寝室卫生问题进一步扩大化。

3. 不合理信念引发心理问题

诱发小丽心理问题的原因,除了事件本身,还有不合理的信念。小丽有几个不合理的认知:一是读本科的时候就和室友关系不好,现在换了个学校读研了仍然和室友关系不好,认为自己在人际交往方面就表现得很差、很失败;二是听见过一次小红在隔壁寝室吐槽自己,认为可能她不止一次在其他同学面前说过自己坏话,而小红是本校保研的学生,同专业很多学生都是本校的,她们认识得更早,关系肯定好,那寝室矛盾在其他人眼里肯定是自己的问题更多,觉得没有同学愿意跟自己一起做小组作业,自己又被孤立了,最好搬去校外住。

(二)矛盾处理方式

1. 分别沟通,掌握寝室整体情况

当事人单方面的说辞难免会带有主观色彩,应当听取室友的说法,再综合平时从同学们那里得到的信息,复盘整理情况。例如,室友C说:"小红确实对寝室卫生要求很细致,但因此责备别人,疾言厉色甚至出口伤人确实不妥,而小丽平时显得太懦弱,如果小红这么说我,我肯定要理论回去。"班委此前曾主动和老师反映,认为小丽做事比较拖拉,而且敏感:"我在班级群里催促她打卡和交作业,她会觉得我是针对她、对她有意见,让我以后有类似情况先私聊她。"综合其他人说法,可见小丽性格较为内向敏感,而小红外向强势;小丽做事比较拖拉,而小红则讲求效率细致。这都是双方矛盾产生的内在原因。

2. 引导学生意识到不合理信念

由心理学家阿尔伯特·艾利斯提出的合理情绪疗法认为,引起人们情绪困扰的并不是外界发生的事件,而是人们对事件的态度、看法、评价等认知内容,因此要改变情绪困扰并不是致力于改变外界事件,而是应该改变认知,通过改变认知,进而改变情绪。小丽不合理认知导致的结果是:不愿回到寝室,不愿参加班集体活动,不愿在班级群回消息;害怕小组作业,学习效率下降,担心期末考试;情绪低落、自卑,感觉孤独,常常哭泣。因此,要改变不良情绪和行为需要先改变不合理认知,而不是先处理矛盾事件本身。通过与不合理信念进行辩论的方式,让小丽认识到与室友相处有矛盾并不能以偏概全认为自己人际交往能力有问题,而与室友的矛盾也不能过度推断,从而认为班级其他同学也对自己有意见。

3. 组织寝室会谈达成一致意见

组织寝室3人开展谈话,共同分析讨论这场矛盾的表面特征和深层原因,采用模拟角色置换的方式,让当事人小丽、小红互相了解对方的立场和真实想法,缓解小丽认知中"寝室关系紧张"的主观印象,给她展现更加真实客观的班级实际氛围。如果小丽在寝室谈话后仍决定调换寝室,可以帮助协调,并告知小丽在新寝室和新室友仍要进行多方磨合,要做好思想准备,不能一味以逃离寝室的方式回避自己的问题。给小丽提供充足的思考时间和再磨合时间,及时掌握其最新的意向动态。

四、案例思考与启示

(一)掌握全貌公平处理

在处理以寝室问题为例的集体矛盾时,不可因单方面的说辞草草下定论进行批评和追责,而是应该在第一时间安抚当事双方的情绪,了解双方的看法和诉求,再进行多方访问,尽量补全信息恢复事件的全貌,在进行深入分析后,再组织集体会谈处理矛盾。处理过程当中,不可代入刻板印象或有色眼镜,不可有明显不合理的偏颇,而应该公平对待每一位学生。

(二)建立信息反馈机制

在班级管理工作中,要发挥好班委的作用,将班上同学在寝室生活、学习、实习就业中存在的问题及时反馈给老师,做到早发现、早干预,最大限度降低各种矛盾发生的概率,减少各类问题对学生的情绪及行为产生的不良影响。例如班委主动反映的小丽对班级群通知内容过于敏感,可以让老师提前对小丽的敏感性格有所了解,方便在小丽电话求助时进行良好的安抚和情绪沟通。

(三)注重保护学生隐私

在处理学生间矛盾时,当事人出于对老师的信任,会告知一些个人的隐私情况,因此在进行矛盾干预时,要格外注意保护学生的隐私,否则会让学生产生反感和戒备心理,给日后的沟通干预工作带来阻碍。例如,小丽在本科就读期间,因参加心理咨询一事被同学所知,故在新学校读研后依旧对校园心理辅导具有明显的抵触情绪,使得有经验的校园心理辅导老师无法及时予以帮助。

(四)丰富班级集体活动

集体关系的冷漠是导致矛盾冲突容易发生的原因之一,因此要鼓励学生多多参加集体活动或竞赛,在学习之余通过团队的形式,团结协作、群策群力,提高个体在群体中的沟通交际技巧,提高个体在群体中的存在感和获得感,使个体放下封闭和抵触心理,融入群体,感受集体间互助友爱的和谐氛围。

作者简介:蒋博斌,江西财经大学会计学院辅导员。

不负光阴不负自己，不负被爱不负所爱

陈利萍

一、案例综述

小鹏（化名），男，上海人，2017年考入南昌航空大学经管学院。该生爷爷奶奶于他初中时相继患癌去世，家中因此欠下大笔外债。该生父亲脾气暴躁，时常对小鹏拳打脚踢，并寄予他过高的期望。小鹏高中时因一次发言遭到全班同学哄堂大笑，且高三期间无法承受父亲施加的过大压力被诊断为轻度抑郁从而被迫休学。其成长过程中的种种挫折导致该生性格较为内向、腼腆、自卑，不太爱和同学交流，也不太爱表现自我，更不喜欢在公众场合说话，常常独来独往，大一数学期中考试仅考了19分。而在辅导员及时的关注、关心及关爱下，小鹏同学渐渐走出了成长过程中带给他的各种阴影，从此一路向阳，不畏挫折，迎难而上，坚定前行，大学期间收获颇丰。小鹏同学连续三年获国家励志奖学金，连续四年获学业奖学金，并获全国大学生英语竞赛三等奖、外研社英语写作大赛三等奖等，同时还担任副班长、辅导员助理等多重职务。

二、案例思路

面对这种个性化案例，辅导员首先应充分了解学生性格、家庭背景、学习经历，给予他全方位指导及个性化帮扶，同时予以关心和关爱。另外，这类学生一般过多地关注自身的缺点，看不到自己的未来。为此，辅导员要从多角度全方位了解掌握学生情况，查阅相关书籍，帮助他分析如何应对心理危机，开启大学新生活。与此同时，辅导员要通过"一生一方案"引导学生确立自己的学习目标，清晰地制定未来四年的大学学习计划。其间，辅导员可以鼓励学生在各类实践中寻找自我、发现自我，从而实现自我，并不断给予学生肯定，夸赞他所取得的成就，用心发现学生成长过程中的每一个闪光点，帮助他逐渐树立自信心，从而通往未来成功之路。

三、案例实施

1. 多角度全方位掌握学生信息

从学生本人、家长、同班同学及舍友等多角度全方位了解小鹏同学各方面情况,尤其是了解该生原始家庭及其带给他的各种影响,了解学生人生成长过程中的各种突发事件及其应对措施。谈话中该生自诉近期情绪不太好,时常感到很沮丧,上课集中不了注意力,担心大学学习无法跟上而影响未来就业,承担不了家庭经济的重担。该生从小生活在农村,家中爷爷奶奶因癌症相继去世,治病花费了家中所有积蓄,且欠下了大额债务,为此家庭经济陷入更为贫困的状态,父母因急于改变经济状况,举家搬迁到城市做起了小本生意,但生意不佳,家中微薄的收入只能维持日常生活,无法偿还债务。父亲将未来希望都寄托在他身上。小鹏父亲比较强势,从来说一不二,母亲对父亲也是言听计从,不敢有任何反对,小鹏一直以来在父亲高要求的束缚下生活。父亲始终认为棍棒子底下出孝子,所以该生每天的日子都过得小心谨慎,生怕犯点小错就招来一顿训斥,记忆中多次被父亲揪着耳朵踢出家门,被扇耳光也是常有的事情。久而久之,日积月累,导致小鹏内向、自卑,缺乏自信。在家庭中,该生也从来不与父亲过多交流,即使考试成绩尚好,父亲也认为理所当然,从不会表扬他。在学校里,该生曾因在班上回答问题时结巴被全班同学哄堂大笑,从此再也不敢在众人面前讲话了。唯一令人欣慰的是,母亲对他一直比较好,在生活上给予了他一定的关心。

2. 帮助学生制定清晰的学习目标

如果把一个人的职业生涯比作一次旅行,那么出发之前应事先设定旅游路线,带上旅游路线图,这样既不会错过期望已久的地方,也不会千辛万苦却无法抵达心爱的景点。为此,新生入学时辅导员要通过多种方式引导他们尽快适应大学生活,树立自己的学习目标,结合学校"一生一方案"帮助他们制定一个清晰的未来四年大学学习计划,引导他们确立短期目标、中期目标、长期目标、就业目标和人生终极目标。针对小鹏这类特殊学生,辅导员要引导他尝试做一份详细的大学四年学业计划。如一年级为试探期,这一阶段重点在于提高人际沟通能力,学会如何做人、如何生活、如何学习,并积极鼓励他参加学校、学院各部门的相关活动。二年级为定向期,重点应充分了解自己所学专业,考虑未来是继续深造还是就业,制定一个详细的计划,每达到一个目标就给予自己一个小小的奖励。三年级为冲刺期,重点应锁定在提高求职技能,收集公司信息,并确定自己是否要考研、考公。诚然,所制定的学习目标应当合理,切合自己当下实际学习情况,且目标清晰,可以量化,具备一定的可操作性。最后要善于调整心态,不断根据外在情况调整学习计划,培养多种能力。

3. 善于发现学生身上散发的闪光点

从小鹏同学的成长过程来看,我们不难发现他的成长过程中是极其渴望得到他人的肯定和认可的,他是一个非常缺乏关爱和他人关心的孩子。作为辅导员,我们要懂得欣赏每一个学生,既要欣赏他们的独特性、兴趣、爱好、专长,还要关注他们在情感、态度、价值观等方面的积极表现,更要赞美他们在每一个成长过程中所取得的即使是极其微小的进步。为此,只要小鹏同学在学习或者生活中有任何以一点小成就,我都会放大镜式地及时给予鼓励和表扬,发现其身上散发的闪光点,使其渐渐变得阳光而自信。如在班会或各种例会中,我会及时将学生集体和个人的各种荣誉在会上进行表扬,特别是将这类特殊学生的点滴进步铭记于心,利用各种场合不断激励他们。渐渐地,小鹏同学的内心在慢慢改变,逐渐愿意与我交流,愿意向他人敞开心扉,吐露心声。

4. 通过各种实践让学生增强自我意识

在乔韩窗口理论中,将人的自我分为公开自我、盲目自我、秘密自我和未知自我,通过与他人分享秘密自我,通过他人的反馈减少盲目自我,人对自己的了解就会更多、更客观。为此,我鼓励小鹏同学多与其他同学接触。该生大一进入两委会,大二担任学生会副部长,大三、大四担任副班长、党务工作室副部长及辅导员助理等多重职务,多种职务的历练让他飞快成长,由之前与人交流极为困难,变得能够侃侃而谈,处理工作事务也是得心应手,游刃有余。与此同时,我还经常鼓励他多在班上发言,尝试人生中的若干第一次,通过多次练习胆量来提高他的自信心,由此改善了他自卑的性格,这在他的人生成长过程中起到了举足轻重的作用。

四、案例成效

通过老师的帮扶和学生个人积极学习、主动参与各部门事务及相关实践活动,该生在大学期间取得了优异的成绩,曾连续三年获国家励志奖学金,连续四年获学业奖学金,还获得了全国大学生英语竞赛三等奖、外研社英语写作大赛三等奖及院级诸多奖项。在担任副班长、党务工作室副部长及辅导员助理期间,该生收获了众多老师和同学的一致好评,多次被评为院"优秀学生干部",大四最终成功签约上海某公司。毕业离校之际,小鹏激动地拥抱着我,对我说:"老师,谢谢您!您让我学会了积极、乐观、豁达,让我变得不再情绪化,也不再内向和自卑了,同时让我学会了坦然接受命运的安排并积极应对,现在的我感觉激情满满,对未来充满了希望,对理想充满了信心,对生活充满了热情,甚至对未来的爱情也充满了想象。"印象中,他说了很长的一段话,而我也陷入了深深的沉思,内心也是无限感慨。

五、案例启示

1. 高校应重点强化特殊学生心理疏导

在大学,成绩也许并不是唯一重要的,但学业考试不通过的后果是十分严重的,直接影响到毕业证和学位证的发放,而这又是每个学生不愿意也不曾想象的。因此,高校学生教育管理工作者应全面了解学生的学业状况,保持与学生沟通交流,知晓学生由学业状况深层次影响到的心理状况,包括入学后的环境适应、个人学业、人际关系及情感问题,关注他们成长过程中的诸多心理变化,及时发现问题,及时疏导,及时化解,以免学生因心理困惑影响学业及身心健康。

2. 高校应掌握切合的教育方式方法

众所周知,贫困学生往往敏感又自卑,因此对他们的教育需掌握较为切合的方式方法。一方面,我们一定要学会倾听。心理学上倾听既是对他人的尊重,又是对他人的认可。戴尔·卡耐基认为,在沟通的各种能力中,最重要的莫过于倾听的能力。辅导员在与这类特殊学生接触时,只有懂得运用倾听这种有效沟通方法,才能深入他们脆弱而又敏感的心灵,从而有机会发现问题,从问题根源处进行疏导,帮助学生打开心结。另一方面,我们要及时赞美和鼓励这类特殊学生,因为只有自信的人才敢于主动与人沟通交往,并更有可能赢得他人的认可,从而结交更多的朋友,拥有更多的发展机会。为此,辅导员要及时发现他们身上的闪光点并给予充分鼓励,挖掘他们的每一步成长,激发他们求知和前进的欲望与激情,使学生迈向更大的成功。

3.高校应给予特殊学生更多的关心和关爱

特殊学生,例如贫困生,他们心里或多或少都有一些自卑,老师对他们的态度,直接影响着他们的心理健康,只有给予他们足够的关爱和理解,才能使他们逐渐摆脱这种心理缺陷。美国心理学家马斯洛在《人类激励理论》中提出把人的需要分为五个层次,而爱和归属的需要则是其中第三个层次。特殊学生更渴望得到群体的爱和拥有归属感。辅导员只有用最真诚的心去感化他们,用最真挚的情去感动他们,用最真心的爱去呵护他们,才能帮助他们摆脱心理阴影从而走向人生的坦途与光明。为此,我在开展贫困生评选、各类专业大赛、谈心谈话、青春励志类团会以及举行读书演讲比赛,甚至是到学生宿舍走访等各项工作中都格外关注他们。

4.高校应重点加强学生目标导向教育

大学入学教育是大学生迈入大学必须且最为重要的一个环节,是大学成长过程中必不可少的,院系要做到对学生所学专业及发展方向讲明白、讲透彻,且在大学四年循序渐进地进行专业教育和引导,使学生尽早明确专业目标。俗话说:"井无压力不出油,人无压力轻飘飘。"有压力才会有动力,有动力学习才会有持久力,有持久力生命力才会旺盛,有旺盛的生命力大学生涯才不会虚度。而学习的动力来源于对大学目标的明确,高校应从多方面加强学生的目标导向教育,教师既要在课堂上传道授业解惑,又要引导学生为何而学。高校学生教育管理工作者要对学生进行目标引导教育,通过优秀校友的成功案例教育引导及努力挖掘学生先进典型事迹从而进行宣传教育,指引学生树立人生目标,并不断朝着目标努力奋进。

作者简介:陈利萍,南昌航空大学经济管理学院学工办主任。

我愿将心照沟渠

陈利萍

一、案例背景

小晴(化名),女,2006级电子商务专业学生,大三、大四曾连续两年担任班长,工作积极主动,学习成绩优秀,多次荣获奖学金、三好学生及其他相关荣誉。因家庭经济困难,她始终有些自卑,后在辅导员的帮助下有所转变,但心理抗挫能力依然较差,尤其是大四期间一次失败的恋爱经历,导致小晴同学毕业后的爱情和婚姻一直不顺利,屡屡受挫。小晴同学案例的启示是,我们应该更加关注像小晴这类优秀学生背后的辛酸,帮助他们走出心理阴影,重新拥抱温暖的阳光。

二、解决方案

小晴同学给我留下的印象十分深刻,还记得她担任班长期间,学习认真刻苦,工作也十分出色,班级在她的带动下获得多项省级荣誉。令我印象最为深刻的一件事是,小晴家庭贫困,可她碍于面子迟迟不愿申请贫困生。了解到这些后,我的一番谈心使她鼓起勇气积极面对现实,之后连续两年均获得了励志奖学金。我告诉她:"我们或许无法改变家庭的贫困,但我们手中紧握着的,是我们自己的命运。"渐渐地,小晴同学变得开朗、大方,不再是一个胆怯、内向、不善言谈的女生。

也许受到在校老师的熏陶和感染,小晴同学对传道授业解惑的教师职业产生了浓厚的兴趣,并在毕业后较为顺利地成为一名小学教师。我们经常一同探讨教书育人工作中的种种困惑与苦恼,也一同分享其中的收获和喜悦。2013年8月19日,一个看似平凡却又不同寻常的日子,我又接到了小晴同学的电话,也就是这次通话,大大出乎我的意料,让我不得不重新审视我的学生工作。一直以来我始终带着一种光环来看待我的学生,认为优秀的学生各方面都是优秀的,他们不会有无法排解的烦恼和压力。正如日和月的光辉,在云雾的作用下扩散到四周,形成了一种特有的光环效应而无法看到光环背后的阴影。这次与小晴同学的通话使我深深地意识到,在面对像小晴一样优秀的学生时,不仅要看到他们身上的闪光点,还要将心照沟渠,更多地关注这类学生背后难以言说的故事。

记得那天,我们足足通话了两个小时,电话那头的小晴号啕大哭,也就是从那时开始,我才后知后觉,终于明白看似接纳了自我,外向开朗,总是笑盈盈的她,内心矛盾始终难以解脱。在日常的学习工作中,她努力地将阳光和快乐的一面展现给同学和老师,但其实她的内心一直承受着巨大的煎熬,却只是把痛苦深深埋藏在心底,挣扎在孤独的泥沼中无人发觉。那天,小晴向我吐露的肺腑之言,字字句句,情真意切,这更加让我感受到她一直以来的孤独与无助,惹人生怜。

"老师,我可能在您印象中一直是一个很优秀的学生,对吧?"我说那当然。"可是您知道我在学校里发生了什么事吗?"哽咽了许久,她终于向我敞开了心扉,"大四那年,我遇到了我今生梦想中的白马王子,他高大、英俊、潇洒,学习成绩也特别优秀,外貌出众品质兼优的他,是众多女生追捧青睐的对象,而更巧的是,我和他既是校友又是老乡,一切的机缘巧合自然而然促成了我们这对恋人的诞生,在同学们艳羡的眼光中,我们甜蜜而幸福地度过了大四第一个学期,那是一段春风和煦、鸟语花香的日子,至今令我久久不能忘怀。"

"寒假放假那天,我们如同其他小情侣一样一同回家,一同道别,每天煲着电话粥,互诉相思之情,在一个个欢乐团聚的日子里想念着彼此,可这种幸福平静的时光没有维持多久,一件不可预料的突发事件,从此改变了我的生活。"

"返校那天,我怎么也打不通他电话,左顾右盼心爱的他到来,可却迟迟没有音讯,事后通过他的同学才得知,在他返校的前一天,他父亲出了车祸不幸去世,母亲因接受不了噩耗而出现了精神异常,为此他请了一个月长假陪她母亲看病。我深知,这时他的母亲最需要他的陪伴,我一边找实习工作一边等待他回到我身边,那种思念的滋味和分离的愁苦只有我自己知道且难以承受,可最后等来的却是他要和我分手的冷冰冰的话语。他试图向我解释,他目前的家庭状况不允许他谈恋爱,并且他要全身心地照顾他母亲,虽然我也一直承诺我会和他一起照顾,可他还是毅然决然地选择离开了我。对于这种解释,我始终觉得苍白而无力。我以为爱情可以克服一切,谁知道它有时毫无力量,我也以为爱情可以填满人生的遗憾,然而,制造更多遗憾的,却偏偏是爱情。"

"那段时间我痛苦万分,无法从失恋阴影中走出来,为了报复他的无情和冷酷,我在学校随便找了个男朋友,故意在他面前秀恩爱,可我的心却在滴血。由于无知,也由于没有学会保护好自己,加上大四下学期我们处于实习中,在第二任男友的半推搡下,我们发生了男女关系,更可怕的是,我居然怀孕了,这让我措手不及,不敢告诉家人,也不敢告诉任何同学和朋友,每天都在担惊害怕中度过,生怕大家会知道这一切。男友刚知道后表示会对此负责,承诺毕业后我们就可以顺利地把孩子生下来,于是在一个周末男友把我带回了他家。我从没想过第一次见未来公婆是怀着身孕的,我很难自信和开心起来,那次见面我表现得很不好,他的妈妈对我也很不满意,当天就表示会陪我打掉孩子,认为我们各方面都不合适。其实我对他也谈不上喜欢,当初只是想随便找个男友化解失恋带来的痛苦,原本以为提出分手的应该是我,没想到他妈妈这么早就给我们下了定论。回校后由于忙着毕业论文,我们断断续续地联系着,毕业离校那天下着蒙蒙细雨,他先离校,我亲自送他,却没想到在这之后,他再也不接我电话,QQ也联系不上,从此像人间蒸发了一样,我的心情也因此跌入谷底。"

"面对此情此景,我虽然痛苦万分,但想到我的生活没有经济来源是难以维系的,从冷冰冰的手术台上下来后,我不断告诫自己,生活还得继续,我逼迫自己努力找工作,很幸运最终被家乡一所小学录用。为了忘记痛苦,我努力工作,不再找男朋友。也可能是因为一朝被蛇咬,十年怕井绳,时间过得非常快,转眼我就到了三十岁这个尴尬的年龄,家里的催促、朋友的眼神让我感到有些窒息,在单位同事的介绍下,我认识了小刘,感觉他各方面都比较符合我的要求。我是以结婚为目的去谈恋爱的,为了表示对婚姻的忠诚,便把之前交了两个男友及怀孕之事统统告诉了他,可没想到我的真诚换来的是他对我的极其不友好,对方将我在大学期间的'丑事'告诉了我的同事,这事也就传开了。虽然我也时常会感觉到同事异样的眼光,但时隔两年后我才真正知道原来同事们对我的态度急剧转变是因为这个。"

"为此,我努力复习,想考到县城的中小学教书,可总是事与愿违,今年的考试结果出来了,我依然没有考上。由于年龄大了,我在家人的催促下,仓促完婚,可我老公却只有初中学历,有时心中的苦无法向他诉说,我们也没有共同的语言……"

直到她讲完,我才真正明白她心中的苦楚,虽然她向我说的比较晚,足足过了3年的时间,但我还是很感谢她终于向我说出了埋藏心中已久的困惑与苦恼。当晚,她把一切痛苦和压抑的情绪向我宣泄,而我始终认真倾听着,并不时地对她进行心理疏导,使得她心头的压力及不良的情绪得到了很好的缓解。在这之后,我经常通过各种方式与小晴联系,开导她尽快摆脱因过去事件带给她的阴影及原生家庭带给她的自卑,推荐她看心理方面的相关电影和书籍,并和她共同探讨分析其中的主人公在遭遇灾难后的种种成长历程,引导她正确处理家庭、工作和学习三者之间的关系,通过多阅读寻找和发现自己的兴趣,重新树立努力奋斗的目标,争取在事业上有所成就,在生活上有所念想,帮助她从内心接受自己,学会好好爱自己,让自己的内心变得更强大,好好爱她的两个孩子,让他们幼小的心灵茁壮健康成长。之后小晴顺利地考上了县城中学,而且被提拔为教导主任,生活上也越来越顺心如意了。她经常把她的快乐分享给我,她说感谢我一直以来的关心和帮助温暖滋养了她,她还说她会将这份温暖传递下去,带给她的一群可爱的乡村孩子们。

通过小晴同学这个特殊案例,也让我重新审视我多年的辅导员工作中存在的不足,让我明白了身为辅导员,不能仅仅将目光停留在明月上,更要捧着一颗赤诚之心照向角落里的沟渠,更多地关注每位学生背后不易被发现的故事,尤其是关心、关注那些特殊的优秀学生,认真倾听优秀学生不为众人所知的辛酸的一面,用爱、用心、用情引导他们、关爱他们。

三、案例分析与启示

(一)更多关注优秀学生背后的故事,真正走进学生内心

苏霍姆林斯基说:"培养人,首先就要了解他的心灵,看到并感觉到他的个人的世界。"没有心与心的沟通,就没有爱的琼浆玉液去滋润学生的心田,学生心灵中的种子就会干枯,更不会发芽、茁壮成长。本案例中辅导员虽然和学生之间有较多的交流和沟通,但更多的是关注那些学业、心理及经济上困难的学生,而对优秀学生多半会把他们列入协助开展班级工作范畴,很难想到他们也会有烦恼,也会产生焦虑和抑郁等各种心理问题。如果这时辅导员能够真正走进学生的心里,倾听学生的需求,感受学生脉搏的跳动,达到师生之间心与心的交流,及时发现他们隐藏在心底未曾被发现的苦恼与困惑,将会更有效地帮助他们敞开心扉,走出阴影,拥抱阳光。

(二)树立大学生健康的爱情观,将爱情教育纳入教育范畴

大学生处于爱情生理成熟,但爱情心理不成熟的阶段。进入大学,他们向往爱情并渴望爱情带给他们的诸多美好,但由于缺少对现实爱情的认识,缺乏对爱情教育正确的引导,往往在面对爱情问题时不知所措。就像本案例中的小晴同学所述,从小父母对她的爱情教育避而不谈,学校老师也只是蜻蜓点水似的提及过,所以当真正遇到爱情问题时,学生们都会很迷茫,导致爱情心理问题多发,最终造成诸多恶果。其实,从培养人的角度来说,这属于我们教育的失职,我们应在大学生教育中纳入爱情专题教育,引导大学生了解爱、学习爱、懂得爱、识别爱,让他们深层次理解爱的内涵,学习如何理性爱,注重对爱的艺术教育的培养,促进大学生尽快在爱情中成长成熟起来。

(三)加强大学生受挫能力培养,提升大学生生活适应能力

高校立身之本在于立德树人,而立德树人离不开对大学生进行抗挫折方面的心理教育,因此增强大学生的心理耐挫能力,从而更好地帮助大学生适应校园学习、生活,甚至是适应社会就显得尤为必要。加强对大学生的抗挫折教育,首先要改变学生的主观认知。美国著名心理学家阿尔伯特·艾利斯认为引起人们情绪困扰的并不是外界发生的事件,而是人们对事件的态度、看法、评价等认知内容,因此要改变情绪困扰不是致力于改变外界事件,而应该改变认知,通过改变认知,进而改变情绪。本案例中学生的问题似乎是由于恋爱受挫才导致情绪抑郁,然而其真实原因来自失恋学生本身对爱情的不合理认识和评价。其次是引导大学生学会积极的自我暗示,让学生明白即使一次爱情失败,今后也会拥有一份更加美好的爱情和婚姻。最后,学校应改变教育中的唯成绩论,把更多的时间和精力用来关注大学生的全面发展,加强对学生抗挫折教育方面的引导,开展抗挫折能力方面的相关实践活动,使其有为之努力奋斗的目标。

作者简介:陈利萍,南昌航空大学经济管理学院工办主任。

育心育德,呵护成长

——一例家庭经济困难学生的教育帮扶工作案例

周海燕　张艳青　魏峥

一、案例背景

小迪(化名),女,2003年生,工商管理学院工商管理专业2021级本科生,为建档立卡学生,学费来源为助学贷款,性格内向、深度自卑、敏感。该生父亲去世,和奶奶、母亲、弟弟、妹妹一起生活。该生母亲身体残疾,打零工照看家庭,奶奶年老体衰,否认家族精神病史。2022年10月,该生因淘宝刷单被骗8000元,情绪崩溃陷入抑郁,无法正常生活和学习。该生大一时有3门课程成绩不合格,为学业预警学生。

该生中学时期学习勤奋,成绩优秀,努力从边远山区考入我校。因家庭变故,本来就内向自卑的她为了减轻家庭负担迫切想赚钱,课余时间多用做勤工俭学,有旷课逃课的现象。该生和家长、同学们主动交流较少,沟通能力较弱,人际关系较差,沟通范围多局限于寝室,因课余时间用于兼职导致成绩下滑,多门成绩不及格,辅导员与其交流时能深刻感受到她的不安、焦虑,以及对生活的消极态度。

二、案例分析

这是一起较为典型的家庭困难和心理困难交织的贫困生帮扶案例。第一,该生原生家庭经济负担重,家庭关系差。小迪父亲去世,母亲生病,兄弟姐妹多,家中老人病重,原生家庭经济的重任压在她的肩上,她必须靠自己的努力赚取学费,所以小迪经常兼职乃至意外被骗。此外,小迪与家人之间缺少沟通,没有一个有力的社会支撑体系。第二,该生价值取向存在偏差,缺少正确的学习态度。进入大学后,小迪最大的压力来自家庭,对于学习的态度不如中学时认真,也没有认真对待各个课程的学习,英语、数学基础较差,还有缺课旷课等行为,综合因素导致她的挂科,从而自信心受损。第三,该生性格内向自卑,心理抑郁,人际关系焦虑。小迪性格内向,刚进入大学时,到一个新的环境中,渴望结交新朋友,但是自己内心敏感、多疑,害怕同学了解到自己的家庭情况,自尊心强,缺乏自信心,不能较好地与同学交往,内心抑郁但无力改变现状,压力极大,已经出现压抑、焦虑、轻度抑郁、对生活失去希望等心理现象。

三、案例实施思路和方法

1. 用心共情倾听,耐心疏导,强化正向激励

主动谈话、定期追踪。我主动与小迪谈心谈话,疏导安抚小迪情绪,针对淘宝刷单被骗8000元,我第一时间陪小迪到学校保卫科说明情况,并主动借给她5000块钱缓解燃眉之急。化解自卑的最好方式,就是给予更多的爱。我积极对学生进行共情,对其进行引导,安排学生干部、室友平时多关心和照顾小迪的日常生活,让小迪感受到集体的温暖。后来,小迪逐渐放下戒备,主动谈及家人与朋友,多次引导后,其性格慢慢开朗。同时我为小迪建立了心理档案,记录小迪心理变化的过程。

2. 矫正价值取向,提升学习能力,做好生涯规划

我帮助小迪树立正确学习价值观念,把学习放在重要位置。我与小迪一起制定学习计划,设立阶段目标,并进行阶段性的探讨和督促,这个计划得到小迪的认可,小迪的学习激情和热情被点燃。同时,我让专业课老师多多鼓励小迪学习。经过一段时间,同学们普遍反映,其上课状态变得积极主动,和老师交流更加频繁,课程小结也受到了专业课老师的表扬。小迪反馈其自我效能感得到了显著提高。小迪的理想是回老家银行就业,我和专业老师协同努力,为小迪报考和准备银行考试提供指导帮助,小迪的目标更加清晰。

3. 推进资助育人,给予关爱,解决实际诉求

我在了解小迪情况后,专门向学院申请临时困难补助,帮助小迪解决实际难题,并为其申请勤工助学岗位,缓解其学习和兼职矛盾的压力。同时,我向小迪讲解相关的资助政策和申请条件,鼓励小迪用好国家资助政策,解决自身难题。原本小迪兼职地点在市区,离学校距离很远,而且只能晚自习去兼职,来回路上不安全又浪费时间,一晚上仅有几十元的收入。在帮助其联系了勤工助学

的岗位后,小迪可以将更多的时间放在学习上,其心理焦虑情绪得到很大缓解。

4. 善用期望效应,挖掘学生特长,赋能学生自信

期望效应又称为罗森塔尔效应,指的是当对一个人充满期待,相信他能实现目标时,他就能感受到一种期待的力量,最后真的能实现目标。经过交流,我发现小迪是一个多才多艺的同学,因此鼓励其积极参加学院社团、学生会举办的活动,赋能自信,让其更好地融入集体生活,这也是帮助其重塑自我效能感的方法。小迪性格内向、孤僻,在人际交往上非常拘谨,鼓励其积极地参加活动,能够锻炼小迪的胆量。小迪在我的鼓励下加入了我指导的学生学科竞赛团队,并在学校举办的"挑战杯"大赛中荣获三等奖,这对小迪是莫大的鼓励,小迪的自我效能感得到进一步提高。

5. 搭建亲情链接,家校合力,协同育人

小迪平常与家人联系较少,我通过与其家长沟通,叮嘱其母亲对小迪的日常生活多多关注,不要仅仅关注成绩,更要给小迪更多生活上的关怀,让小迪感受到家庭的温暖。同时小迪在学校的表现,我也会积极反馈给她的母亲,家校合作,协同育人,共助学生成长。我与小迪谈心谈话,让其主动与家人沟通交流,拉近彼此关系。小迪家人也积极与小迪进行沟通,现在双方关系缓和,小迪得到了更多的家庭支持,慢慢感受到家的温暖。

四、案例思考

在小迪被骗后,我们针对小迪的异常表现,准确分析判断,及时上报,开展心理危机干预工作。学院领导、辅导员、同学对其进行了积极的关注,保障了人身安全。经过一个学期努力,小迪成绩有明显进步,大二上半年无挂科,成绩也从班级末位上升到中等水平。她的家庭关系得到缓和,性格逐渐开朗,能够积极主动参加活动,融入集体生活中,还在创新创业类大赛获奖。对家庭经济困难大学生的帮扶,不仅仅要在经济上,更应该在心理上,帮助其心理"脱贫",为此辅导员要坚持"以心育心""以德育德""以人格育人格"。

1. 强化资助育人,"扶困"与"扶志""扶智"相结合

作为辅导员,要把握和摸排好班级学生的家庭经济情况,掌握第一手资料,为家庭贫困学生讲解相关的资助政策和申请条件,缓解他们经济压力。构建物

资帮助、道德浸润、能力拓展、精神激励相互融合的资助育人长效机制,组织贫困学生到福利院、敬老院等去做一些公益活动,为贫困生注入情感教育,培养他们诚信为本、甘于奉献与懂得感恩的特质,让贫困生在接受资助的同时,也能感恩回馈社会,努力成为"以德为先""德才兼备"的优秀学生。

2.强化协同育人,搭建家校平台,多方联动育人

从家长、学生、辅导员三个维度搭建家校协同育人平台,如召开线上家长会、建立家长微信群等,围绕家长和学生关注的焦点问题,展开沟通、服务、分享和指导。这样,家长可以更多地了解到学校的育人理念以及学生在学校的表现,同时,辅导员也能得到较好反馈,提升对学生的指导能力,形成家校育人合力。

3.强化心理育人,提升业务技能,用好"四级"防控体系

加强对学生心理健康教育知识的培训,提升学生心理健康知识技能,根据学生的言谈举止预判学生可能发生的紧急状况和突发事件。建立健全"学校—学院—班级—宿舍"的高校心理健康教育四级网络体系,积极倡导家庭经济困难学生自我教育、自我调控、自我激励、自我发展,引导学生在学校全面发展,健康成才。

作者简介:周海燕,江西财经大学工商管理学院党委副书记;张艳青,江西财经大学工商管理学院研究生辅导员;魏峥,江西财经大学保卫处科员。

科学介入、积极干预、应对危机
——一例校园学生心理危机干预的处理与启示

周海燕　魏峥

一、案例简介

小李（化名），女，专升本学生，由于高考未能进入理想大学，在原来的专科学校就读一年后，选择应征入伍到部队，后来凭借在部队期间的优秀表现荣获个人三等功，加上大学期间的奖励荣誉，通过面试专升本进入我校就读。该生入学初期表现整体积极，也愿意和同学交流，人际关系较好。天有不测风云，当年国庆后该生父亲突发疾病去世，留下一堆债务和事情需要家人来处理，而其母亲体弱多病，弟弟正读初一。此时该生性情开始变化，本来较为开朗的她变得内向、不爱说话，因过多转移个人负面情绪导致同学们下意识地疏离了她。她开始与同学交流减少，与宿舍关系也逐渐紧张，只与另外一个宿舍的同学小黄较为融洽，关系较好。

和小黄相处，让小李从感情和心理上得到了一定的支撑，而与室友小张关系的恶化，使她希望在进入大四后小张与小黄互换宿舍。暑假期间小李将个人的想法与小张、小黄沟通，并上报给学院，初步达成了一致。但开学后，由于小黄室友临时不同意调整，导致小李未得到期望的结果。于是在开学后她再次与双方室友沟通，希望能按照当时的约定调整。但室友仍未同意，她内心压力变大，频繁的沟通也引起了同学的不满，反馈给了班主任，班主任与其进行沟通，希望能考虑多方面因素，慢慢和同学沟通。小李一时难以接受，实施了情节轻微的自我损伤行为，且在实施自伤行为后将受伤的照片发至所在宿舍微信群里，同学发现后立即将情况反馈给了班主任。

危机发生后，辅导员、班主任、班长立即启动了校园危机紧急应对机制。首先把小李送到校医院处理伤情并与其进行沟通谈话，安抚情绪并安排人员24小时监护，同时当晚沟通其母亲在第二天赶到学校进行面谈。其次，将此事上报给学院领导和学校心理咨询中心,安排小李跟随母亲回家休养调整,视情况确定返校时间。后来,经过进一步的情况了解和沟通,校心理咨询中心对小李恢复情况核实和确认后,安排小李正常学习,逐步恢复学业。

二、案例背景分析

经了解,小李在家中比较独立,性格也较强势,平时打扮比较中性,但是未有发现小李有感情及心理等问题,也未有既往的精神病史。在与小李沟通后了解到,小李认为全班只有小黄能理解自己,愿意陪伴自己,和她在一起感觉到自己才有希望。室友对自己十分不理解,特别是小张的语言行为,使自己在宿舍每次都小心翼翼,情绪紧张。因父亲突然离世,家庭变故太大,自己可能有抑郁倾向,有时候感觉很孤独,期望有能共情的朋友、能够深入交往的人。室友之前也愿意听自己倾诉,但可能是讲多了别人也反感,慢慢就不回应自己了。

小李因家庭变故导致性格变化,父亲去世带来的痛苦始终没有缓解,在多次与同学试探性沟通后,她发现小黄与自己很投缘,各方面都能给予自己情感上的慰藉,自己的感情也开始有了超越同学友谊的发展倾向,期望与小黄的关系能够有超越普通朋友的发展。但是出于多种顾虑,这个想法没有明确地表达出来。同学小黄没有这方面的想法,只是与小李保持好朋友关系,也想尽可能帮助她,认为换一个宿舍能让她心情好转,也能使她尽快振作起来。小李只是期望从个人单方面来拓展和深入发展与小黄的关系,期望从物理空间的进一步接近来缓解自己心灵上的痛苦。

小李认为自己对小黄的感情并不是别人误解的同性之间的爱情,只是一种超越了普通友情的依赖性情感,想住到一块只是想逃避一下现在这个寝室的紧张氛围。但因为其他室友的反对这一想法无法达成,自己也多次沟通无效,加之沟通过程中带来的不被理解甚至被误解的压力,以及家庭变故后一直伴随自身的痛苦,导致自己做出愚蠢的自伤行为,甚至还想以此来威胁老师和室友满足自身宿舍调整的需求。

三、案例工作思路和方法解决

(一)处理过程

1.迅速反应处理,管控引导舆情。在危机发生当晚,辅导员和班主任第一时间赶到学校,找到小李查看伤情并送医务室进行外伤处置。这个过程中辅导员及时将详细情况向学院党委书记报告,同时联系家长第二天来校共同商讨。在处理好小李的外伤并确认其情绪稳定后当晚安排室友轮班,进行 24 小时守护,辅导员住校并保持 24 小时联络畅通。同时,对小李发送自伤照片的室友群立即进行管理并逐一沟通相关同学,确保同学不在网络上发布信息,确保危机情况仅限于小范围内直接接触的人员知道,避免事态恶化进一步扩大影响。沟通中辅导员强调如果发布信息造成不良影响将严肃处理,请各位知情同学保护好班级同学隐私,积极配合完成相关工作。

2. 及时沟通交流,妥善后续处置。辅导员在第二天第一时间当面跟小李、小黄、小张及所有的室友进行面谈,了解他们在校的学习、社交、生活等方面的情况,重点与小张沟通,请她在后期及时关注小李的状态,如有异常,第一时间反馈。辅导员也请其他同学在平时的生活、学习中对小李多加帮助,加强支持。

3. 畅通家校合作,达成一致意见。家长第二天到达学校后,辅导员在小李与母亲见面前先跟小李的母亲当面沟通,进一步了解小李的日常表现。在向小李母亲介绍了小李发生的情况后,母亲感觉有些抗拒,认为自己孩子心理没有问题,只是压力过大,而且母亲也表达了愧疚,认为自己孩子对学校的正常教学造成了不良影响。在与小李母亲沟通后达成的一致意见是先将让小李请假,回家休息调整一段时间,利用这段时间带小李做进一步专业的检查,诊断是否有严重的抑郁倾向或者心理疾病等。母亲表示赞同,并跟小李沟通,初步达成一致。

4. 共情化解心结,鼓励发展进步。小李在经过半个月的休假后,由母亲陪同返校。学校心理咨询中心安排人员对小李进行谈话评估。谈话内容主要集中在个人的现在状态、爱好兴趣、未来计划,了解个人心理及思想动态。这个过程避免提及过往不愉快的事情。心理咨询中心结合小李在休假期间到医院检查后获得的"未见有明显心理疾病"的诊断结果进行评估,学院与小李家长签订家校合作承诺书,与小李签订了安全保障承诺书后,同意其复学。学院心理辅导员也定期与小李谈话,关注其心理状况及未来发展期待。经过多方努力,小李也不再纠结于宿舍调整、人际关系的问题,而是更多地专注于考研,更能够清楚地认识到自己在大学里应该做什么,考虑长远的计划。

(二)处理结果

1. 发挥工作合力。发挥朋辈陪伴作用,请室友理解小李目前的状态,与小李互帮互助。另外,与小黄、小张同学特别进行了沟通,要一如既往地跟小李处理好同学关系,帮助小李进步,正常完成学业。同时,学院成立危机应对小组,对小李后期持续关注与支持。

2. 持续帮助指导。及时关注小李的思想、学习、生活状态,持续跟进。如考虑其家庭实际困难,帮助其申请国家助学金;为其咨询退役士兵报考研究生专项计划,辅导其选择报考学校;沟通毕业论文导师的安排、个别学习困难专业课程的帮扶等等,尽量提供力所能及的帮助,助力小李顺利完成学业。小李最终顺利毕业,如愿以偿考上退役士兵专项研究生。

四、校园危机事件应对的经验与启发

1. 应急机制快速响应,做到"四个第一"。辅导员、班主任要第一时间赶到现场并掌握情况;事发现场要第一时间处理应急状况、处理伤情,确保学生的安全;第一时间向学院领导和学校心理咨询中心汇报情况;第一时间联系各方力量及时处理。在这个危机事件中,学生发生了自伤情况,务必让最近的人包括辅导员、班主任、班级相关同学及医护人员第一时间赶到现场,立即对学生进行救治和处理,确保人员的安全。如果有其他严重的情况发生还要考虑学校的武装部或者公安机关及急救人员介入,安排救护处理。

2. 注重舆情管理引导,缩小影响范围。校园危机在处理过程中除了必要人员,务必将知情及参与人员限定在最小范围内,防止有过多敏感信息外泄,影响当事人的情绪、心理及后期应对。在危机发生后要第一时间关注知情人在网络上的言论,在第一时间与相关人员强调清楚舆情管理的要求,防止引起网络舆情的进一步发酵甚至发生次生校园舆情危机。

3. 坚持长效育人导向,构建帮扶机制。在处理危机事件时,我们更要从立德树人的长远角度考虑,为学生构建一个长效的帮扶机制,变危机事件为育人良机。在小李休假期间,辅导员要与家长保持联系,询问学生当前状态。返校后,辅导员要定期与学生沟通,鼓励学生积极适应新生活,与家长保持联系,密切家校合作,同时要求宿舍信息员、心理委员对其密切关注,如有异常及时上

报。辅导员定期与该生开展谈心谈话工作,及时了解学生心理动态,引导学生健康成长,避免学生情绪出现反复从而导致安全事件发生。

4.建立"一人一档"记录,做好工作留痕。辅导员需要将危机事件的整个发生过程、原因、过程和结果记录清楚,与发生危机同学相关的同学、家长做的谈话进行记录,学生的请假离校手续、诊疗记录、个人情况说明等记录要留存备案,为以后学生进一步情况处理整理好可参考的资料。心理危机事件不同于一般的突发事件,必要时可以请学校心理咨询中心介入督导,甚至需要借助校外医疗机构的专业支持与辅助,指导学院进一步做好工作。

5.提升心理专业素养,助力学生成长。辅导员要加强自身的心理教育能力,掌握相关的理论知识,不断提升自己的专业能力,为更好地开展心理健康教育提供支持和服务,日常工作中主动为学生提供心理辅导,引导学生进行专业治疗和心理疏导。另外,辅导员应当坚持"以学生为本",充分尊重学生独立个性及心理需求,以支持、理解为核心,结合具体的心理危机采取干预措施。

作者简介:周海燕,江西财经大学工商管理学院党委副书记;魏峥,江西财经大学保卫处科员。